Illisibilité partielle

Valable pour tout ou partie
du document reproduit

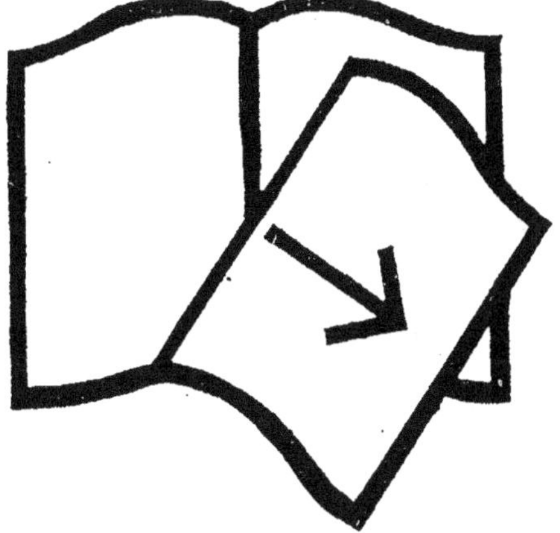

Couverture inférieure manquante

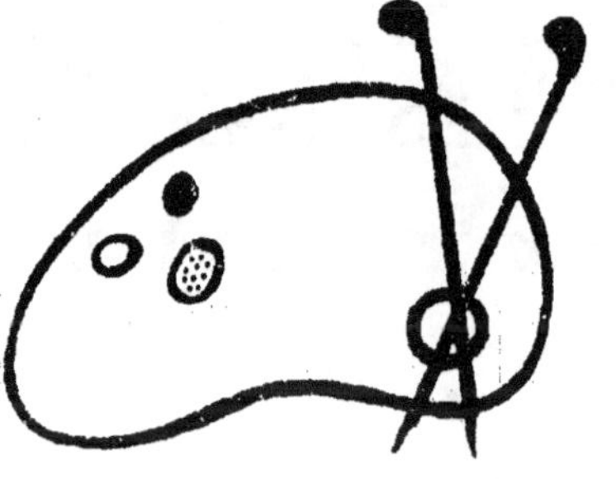

Original en couleur
NF Z 43-120-B

# LETTRES INÉDITES

## D'A. DADINE D'AUTESERRE

PUBLIÉES

AVEC NOTICE, NOTES ET APPENDICE

PAR

Philippe TAMIZEY DE LARROQUE.

PARIS
Aug. AUBRY
18, rue Séguier

BORDEAUX
Ch. LEFEBVRE
6, Allées de Tourny.

1876.

# LETTRES INÉDITES

## D'ALIDADINE D'AUTESERRE.

# LETTRES INÉDITES

## D'A. DADINE D'AUTESERRE

PUBLIÉES

AVEC NOTICE, NOTES ET APPENDICE

PAR

Philippe TAMIZEY DE LARROQUE.

———❧———

<table>
<tr><td>PARIS<br>Aug. AUBRY<br>18, rue Séguier.</td><td>BORDEAUX<br>Ch. LEFEBVRE<br>6, Allées de Tourny.</td></tr>
</table>

1876.

Extrait de la *Revue de Gascogne.*

Tiré à part à 100 exemplaires.

Deux notices assez étendues ont été publiées sur Antoine
Dadine d'Auteserre (1), l'une au milieu du xviiie siècle, l'autre
au milieu du xixe. La première, composée par M. de Cathala (2), sous le titre d'*Eloge historique*, se trouve dans les
*Mélanges de poésie, de littérature et d'histoire par l'Aca-
démie des Belles-lettres de Montauban pour les années 1744,
1745 et 1746* (3); la seconde, lue, le 6 décembre 1857, en
une séance publique de l'Académie de législation de Toulouse,
par M. Rodière, professeur à la Faculté de droit de cette
ville (4), a paru dans le Recueil des travaux de la savante
compagnie, et il en a été fait un tirage à part qui a été très-
peu répandu (5). De ces deux notices, diversement recom-
mandables et dont l'une complète l'autre, je rapprocherai
d'assez nombreux détails biographiques et bibliographiques,
de façon à offrir au lecteur à la fois le résultat des recherches
de mes devanciers et le résultat de mes propres recherches,
c'est-à-dire un ensemble de renseignements aussi abondants
et aussi exacts que possible.

(1) J'écris *Auteserre* et non *Hauteserre* ou *Alteserre*, me conformant à l'orthogra-
phe de la signature de toutes les lettres de l'éminent érudit.

(2) Il ne faut pas confondre ce M. de Cathala avec Antoine Cathala-Coture, avocat
général à la Cour des Aides de Montauban, maire de cette ville, subdélégué des in-
endances d'Auch et de Montauban, auquel on a attribué l'*Histoire politique, ecclésiastique et littéraire du Quercy*, qui ne parut qu'en 1785 (Montauban, 3 vol. in-8o).
Antoine Cathala Coture était mort dès l'année 1724.

(3) Montauban, chez J.-J. Teuniéres, 1750, 1 vol. in-8o, p. 268-304. Le volume
doit être rare, car à la Bibliothèque Nationale on l'a placé dans la réserve.

(4) M. Rodière est mort en 1875, jeune encore, victime d'un déplorable accident,

(5) C'est à ce tirage à part (in-8o de 19 pages, sans indication de lieu ni de date),
que je renverrai, n'ayant pas sous les yeux le *Recueil de l'Académie de législation
de Toulouse*.

Antoine Dadine d'Auteserre naquit en 1602 (1), à Cahors (2).
Il était l'aîné des quatre enfants de Jean Dadine d'Auteserre,
lieutenant criminel au présidial de cette ville, et de Françoise
de Peyrusse (3). Deux de ses frères suivirent la carrière des
armes et moururent glorieusement au service de la patrie. Le
dernier, François, fut professeur de droit à l'université de
Poitiers; il obtint, par ses leçons et par ses ouvrages, sinon
l'éclatante célébrité de son frère aîné, du moins la plus ho-
norable réputation (4).

Antoine fit ses études au collége de Cahors, alors si pros-
père sous l'habile direction des Jésuites (5). On raconte que,

(1) M. Rodière (p. 1) dit : « En l'année 1601 ou 1602.. » M. de Cathala prétend
que ce fut en 1602. Le *Moréri* de 1759 n'indique pas l'année où vint au monde Auteserre, mais les rédacteurs de ce *Dictionnaire* le font mourir âgé de plus de quatre-
vingts ans, en 1682. M. Weiss (*Biographie universelle*) se contente de mettre la nais-
sance d'Auteserre « au commencement du XVII° siècle, » ce qu'a trop respectueuse-
ment reproduit M. E. Regnard (*Nouvelle biographie générale*).

(2) Auteserre l'a expressément déclaré dans l'épître dédicatoire (à Claude Le Pe-
letier, l'ancien contrôleur général des finances) de ses Commentaires sur les Clémentines (*In libros Clementinarum commentarii*, etc., Paris, 1680, in-4°). Rappelons
ici que le Quercy a été le berceau d'un grand nombre de jurisconsultes, parmi lesquels je citerai seulement Guillaume du Breuil, Jean d'Artis ou Dartis, Jean de
Lacoste, Marc-Antoine Dominici, François de Boutaric.

(3) Auteserre, en énumérant les professeurs célèbres de l'université de Cahors,
Gouvea, Cujas, Benedicti, Roaldès, etc. (*Rerum Aquitanicarum Lib. I*, cap. VIII.
Toulouse, 1648, in-4°), a eu soin de constater que trois de ses ancêtres maternels
furent successivement professeurs de droit et magistrats à Cahors : « *Inter quos non
tacebo avos meos maternos, Antonium, Ludovicum et alterum Antonium de Pe-
trucia, qui cathedras et prætoria tribunalia pari dignitate tenuerunt.* » M. Emile
Dufour (*Etudes historiques sur le Quercy. Hommes et choses*. Grand in-8°, Cahors,
1864), traduisant la préface mise par Feydeau en tête de la seconde édition des
Œuvres du toulousain Guillaume Benedicti (Lyon, 1526), nous apprend que l'université de Cahors dut sa renaissance, pendant les dernières années du XV° siècle, à
trois grands docteurs, d'abord à Guillaume Benedicti, en second lieu à Antoine de
Peyrusse, « avocat du roi dans la ville de Cahors, et y occupant avec la plus haute
distinction une chaire de droit civil, jurisconsulte dont les ouvrages paraissent per-
dus » (mais le rédacteur en chef de la *Revue de Gascogne*, t. VIII, p. 140, en a signalé un qui existe à Auch), enfin à Martin de Barambour, professeur de droit
canon, « basque d'origine, et doué au suprême degré de l'esprit actif et pénétrant qui
distingue cette nation, *ex agili Vasconum genere solertissimus regens.* »

(4) Voir, à l'*Appendice*, une lettre inédite de ce personnage.

(5) Le collége de Cahors a compté au nombre de ses élèves le philosophe Sylvain
Regis, de l'académie des sciences, l'abbé de Foulhiac, Fénelon, le baron Antoine
Dubois, Mgr Darcimoles, mort archevêque d'Aix il y a quelques années. M. Gam-
betta, etc.

d'abord, ses progrès ne furent pas rapides et qu'il apprit le latin avec une extrême difficulté; mais comme le poète l'a proclamé en un vers énergique, le travail opiniâtre triomphe de tous les obstacles, et Auteserre, à peine assis sur les bancs de la classe de rhétorique, était déjà assez maître de la langue de Virgile pour composer un poème où il célébra dignement les louanges de la magnifique source, appelée de son temps la fontaine des Chartreux, et qui autrefois mérita de donner son nom à la capitale du pays des Cadurques (*Divona Cadurcorum*) (1).

Auteserre éprouva, étant encore au collége, le plus grand des malheurs qui puisse frapper un homme : il perdit sa mère (2). Bientôt, son père s'étant remarié, il ne put supporter la présence au foyer domestique d'une femme qui, loin de chercher à remplacer auprès des enfants du premier lit celle qui n'était plus, semblait vouloir, par sa dureté, la leur faire regretter encore davantage. Plutôt que de se résigner à voir cette injuste belle-mère (l'*injusta noverca* de Virgile) régner en maîtresse absolue dans la maison paternelle jadis si douce et si souriante, le jeune homme résolut d'embrasser le métier des armes. Son père s'opposant de toute son autorité à cet acte de désespoir, Auteserre obtint du moins de lui la permission de se réfugier dans une maison de campagne, où, se livrant tout entier à l'étude, il oublia ses chagrins et se prépara à devenir un des plus grands érudits de son siècle.

Je vais laisser un moment, à cette occasion, la parole à M. Rodière : « Nous manquons de renseignements sur les

(1) Moi aussi — que l'on me permette de m'en accuser ici ! — j'ai chanté, étant élève de rhétorique au lycée de Cahors, l'abondance et la limpidité de cette source dont tous le voyageurs ont parlé avec tant d'admiration. Je mettais naturellement, dans un lyrique enthousiasme, la fontaine des Chartreux bien au-dessus de la fontaine de Vaucluse. Ombre de Pétrarque, pardonne-le-moi !

(2)    — Lou pu gran pèssomen que truque l'hôme, aci,
    Acò quan nostro may, biéillo, feblo, desféyto,
    S'arremôze touto, et s'alliéyto
    Coundannado pel medeci.
(Jasmin, *A Moussu S. Dumoun.*)

premières années d'Hauteserre. Il n'existe, au moins à notre connaissance, aucune de ses biographies qui ait été imprimée (1). Nous nous souvenons seulement d'avoir eu, il y a quelques années, dans nos mains, une biographie manuscrite qui avait dû être composée peu de temps après la mort d'Hauteserre. Ce manuscrit précieux avait été confié au fondateur à jamais regretté de notre académie; mais comme il n'était pas relié et que ses feuillets poudreux et jaunis n'en laissaient pas soupçonner le prix, il advint, par une fatalité déplorable, qu'il fut détruit par des mains ignorantes avec des papiers sans valeur parmi lesquels il avait été confondu. Nous croyons nous souvenir d'avoir lu dans ce manuscrit une particularité intéressante. Le père d'Auteserre possédait, dans un canton reculé du Quercy, un domaine fort négligé qu'il voulait remettre en valeur. Pour améliorer, en la faisant surveiller, l'exploitation de ce domaine, il eut la pensée d'envoyer son fils Antoine y passer une saison tout entière. Confiné ainsi au milieu des champs et de paysans sans aucune instruction, le jeune Dadin eût couru grand risque de devenir malade d'ennui, si, dans un recoin du château rustique de ses pères, il n'avait eu la bonne fortune de rencontrer un exem-

(1) Je citerai ce passage de la *Bibliothèque historique de la France* (t. IV, p. 99): « Vie d'Antoine Dadin d'Hauteserre, jurisconsulte de Cahors. Le Père Lelong l'avait marquée comme imprimée à Paris en 1718, mais dans ses corrections manuscrites, il dit que cette vie n'a point été donnée au public. J'en ai trouvé dans le cabinet de M. Beaucousin une feuille imprimée qui va jusqu'en 1661. Cette feuille, grand in-8º, commence à la page 273, et porte en titre courant: *Mélanges de poésie, de littérature et d'histoire*. Quelques recherches que nous ayons faites, nous n'avons pu trouver ce livre, et il faut qu'il ait été entièrement supprimé. » Ce livre était tout simplement le recueil des *Mélanges de poésie, de littérature et d'histoire* de l'académie de Montauban, et ce qui me le prouve, non moins que la similitude parfaite des deux titres, c'est la concordance des chiffres de la pagination — voilà un petit problème bibliographique résolu d'avance pour les futurs éditeurs et continuateurs — puissent-ils venir bientôt! — de la *Bibliothèque historique*, un des ouvrages dont nous avons le plus le droit d'être fiers! — Quant à la *Vie* signalée par le P. Lelong en 1719, elle a peut-être été utilisée par M. de Cathala, qui n'en dit rien, mais qui, dans tous les cas, a suivi un excellent guide, et qui, à défaut du secours de cette *Vie*, a eu l'avantage, écrivant une quarantaine d'années après la mort d'Auteserre, de pouvoir consulter sur les lieux mêmes la tradition orale.

plaire du *Digeste*. Ce livre composait, à lui seul, toute la bibliothèque du vieux manoir (1). »

Je ne sais pourquoi je me persuade que la biographie manuscrite lue par M. Rodière, et dont il déplore si vivement la perte, n'était autre chose qu'une copie (comme on en faisait tant autrefois !) de l'*Eloge historique* d'Auteserre par M. de Cathala. Sans doute, tout dans les deux versions n'est pas absolument semblable, mais ne peut-on pas penser que M. Rodière, qui vante tant l'incomparable mémoire de son héros (2), n'est pas à cet égard aussi bien partagé que lui, et qu'il n'a gardé que des souvenirs confus, à demi effacés, d'une lecture qui, au moment où il rédigeait sa notice, remontait à plusieurs années ?

Quoi qu'il en soit, voici maintenant ce que M. de Cathala nous raconte du séjour d'Auteserre à la campagne (3) : « Cette maison, appelée *Arbre long*, est située dans un pays difficile, au milieu d'une forêt, éloignée de tout commerce (4). L'horreur de cette solitude, qui aurait dû, ce semble, effrayer un jeune homme de dix-huit ans, augmenta la joie qu'il eut de s'y établir. Démosthène et Cicéron formaient toute sa bibliothèque : il s'attacha à cette lecture et fit de très-grands progrès dans les langues de ces deux auteurs... M. d'Hauteserre se levait avec le soleil et étudiait jusqu'à midi. Il consacrait

(1) M. Rodière (p. 2) rapproche de Dadin lisant dans un complet isolement le *Digeste*, Ignace de Loyola dévorant au fond d'un château solitaire un livre unique, les *Vies des Saints*. A mon tour, je rappellerai que la retraite d'Auteserre peut encore être comparée à celle du futur évêque d'Ypres et du futur abbé de Saint-Cyran dans ce sauvage château de Campiprat, où, suivant une expression irrespectueuse, mais pittoresque, les deux amis couvèrent, loin des regards des hommes, l'œuf du jansénisme.

(2) P. 3 : « La mémoire de ce jeune homme était, du reste, prodigieuse. Il retenait la prose, généralement assez peu harmonieuse, des jurisconsultes, avec plus de facilité que les mémoires les plus riches ne retiennent les poésies les mieux cadencées. »

(3) Craignant que son récit ne soit trouvé trop minutieux, M. de Cathala prévient ainsi le reproche : « Qu'on me permette le détail de sa façon de vivre. Tout est précieux des grands hommes... »

(4) Je regrette que M. de Cathala n'ait pas indiqué d'une manière précise la partie du Quercy où était cette maison.

une heure à sa récréation et à son repas, qui n'était composé que du pain, du lait ou du fruit que lui donnaient les fermiers, ne voulant rien prendre de ce qui appartenait à son père, pour ne lui donner aucun prétexte de le rappeler à Cahors. Il reprenait ensuite son étude jusqu'au coucher du soleil. Alors il quittait ses livres et allait se promener dans les bois, où il repassait dans sa mémoire ce qu'il avait lu dans la journée. Quelquefois il montait sur les rochers, d'où il contemplait le spectacle ravissant de la nature, qui lui fournissait un sujet de méditation et de prière, par où il finissait toujours la journée, pratique religieuse qu'il conserva toute sa vie (1)... A la nuit, il allait dans les cabanes où les bergers se rassemblaient; il leur montrait à lire, ou partageait avec eux des plaisirs sans remords. On l'a vu depuis et dans les temps les plus brillants de sa vie regretter ces jours heureux, et se les rappeler avec joie : exemple rare, et peut-être unique, d'innocence, d'application et de frugalité dans un âge où les passions sont les plus vives... »

Auteserre passa une année entière dans cette féconde retraite. Son père, qui l'avait souvent pressé de revenir à Cahors, alla le chercher, mais ne tarda pas à le laisser repartir. Le jeune homme retrouva sa chère solitude avec d'autant plus de contentement qu'il avait souffert davantage, pendant son court séjour à Cahors, des intolérables procédés de sa belle-mère. Jaloux de secouer définitivement un joug qui l'humiliait

(1) M. Rodière (p. 3) dit lui aussi qu'Auteserre fut élevé dans les principes d'une inébranlable piété, et il ajoute qu'il fut confirmé dans ces principes par un de ses oncles maternels, Nicolas d'Aubépine (*Albaspina*), savant religieux franciscain qui fut provincial de la province de Toulouse et mourut de bonne heure. Auteserre en a parlé avec reconnaissance et émotion dans la préface de son ouvrage : *Asceticon sive originum rei monasticæ libri decem* (Paris, L. Billaine, 1674, in-4°). M. Rodière rappelle encore (p. 11) qu'Auteserre dédia, en 1654, deux dissertations sur le droit canonique à Notre-Seigneur Jésus-Christ, et il cite ce passage de la fin de la fervente dédicace : « Mon Dieu et mon Seigneur, il n'est rien que je n'aie reçu de vous; je vous fais donc hommage de tout ce que j'ai et de tout ce que je suis, et j'espère, par votre grâce, avoir toujours présente à l'esprit cette parole de saint Augustin : L'étude ne doit avoir qu'un seul but, celui d'honorer la majesté souveraine de Dieu. »

plus encore qu'il ne le blessait, Auteserre prit le parti de chercher dans l'étude approfondie du droit romain le moyen d'assurer son indépendance. Pendant trois années, il ne cessa de méditer sur les textes des lois, suppléant par la vigueur et par la pénétration de son esprit à l'absence de tout professeur et même de tout commentateur, et devinant ce que les plus savants interprètes du droit auraient pu seuls lui expliquer. De retour dans sa ville natale, Auteserre subit les épreuves du doctorat de la façon la plus brillante et obtint les solennels éloges d'un professeur qui était, à cette époque, le plus renommé de l'université de Cahors, Gérard Vaxis, dont il a salué la mémoire au chapitre VIII du livre I<sup>er</sup> de son Histoire d'Aquitaine.

Le docteur de vingt-deux ans, abandonnant pendant quelque temps la jurisprudence qui n'avait plus guère de secrets pour lui, se tourna vers l'histoire et vers la littérature; ne se contentant pas de lire, de relire les meilleurs livres qu'il put se procurer, il en fit encore de si nombreux extraits, que ses cahiers finirent par former une collection considérable, et, pour ainsi dire, toute une bibliothèque de choix (1).

Avocat au barreau du présidial de Cahors, Auteserre se fit bientôt distinguer entre tous ses confrères, et ce fut lui, comme le plus digne quoique le plus jeune, qui eut l'honneur d'être chargé de présenter les provisions de la charge de gouverneur et sénéchal du pays de Quercy pour le maréchal de Themines (2).

Ici doit trouver place l'épisode des amours d'Auteserre. Une charmante jeune fille, Jeanne de Caussade, dont le père appartenait à une vieille famille du Quercy, et dont la mère,

(1) Voilà l'explication de ce qui étonne M. Rodière : « L'on a peine à comprendre, » s'écrie le professeur (p. 4), « comment il avait pu parvenir à amasser, dans la première partie de sa vie, les trésors immenses d'érudition qu'il déploya avec une sorte de prodigalité dans la seconde. »

(2) Pons, seigneur de Lausières, marquis de Themines, chevalier des ordres du roi, lieutenant général de Guyenne, mort le 1<sup>er</sup> novembre 1627.

Gabrielle de la Roche, était d'origine toulousaine, lui inspira une vive passion. Mais Jean d'Auteserre, considérant l'extrême jeunesse d'Antoine, ne donna point son consentement au projet de mariage dont son fils l'avait tout aussitôt entretenu. Les futurs époux se désolèrent de ce contre-temps, mais ils ne s'en aimèrent que mieux. Mademoiselle de Caussade habitait une maison de campagne à La Bastide-du-Vert (1). Auteserre franchissait bien souvent d'un pas allègre les trois ou quatre lieues qui séparent Cahors de La Bastide, et, pour surcroît de bonheur, il trouvait dans la maison de sa fiancée une riche bibliothèque où, s'enfermant jusqu'à l'heure du dîner, il travaillait avec ardeur, n'étant jamais plus gai et plus aimable que les jours où il avait le plus travaillé.

Au commencement de l'année 1628, le mariage fut célébré. et je suis à peu près sûr de ne pas me tromper en disant que, le jour même de cette fête si longtemps attendue, Auteserre, comme Du Cange devait le faire dix ans plus tard, laissa l'érudit dérober quelques heures à l'époux (2).

Au milieu des incomparables joies que donnent à ceux qui savent les goûter l'amour des livres et l'amour de la famille (3),

(1) Aujourd'hui commune du canton de Catus, arrondissement de Cahors.

(2) « Du Cange épousa, en 1638, Catherine Du Bos, fille d'un trésorier général des finances d'Amiens. On prétend, comme on le rapporte de Budé, qu'il préleva sur le jour de ses noces plusieurs heures pour le travail. » (*Etude sur la vie et les ouvrages de Du Cange*, par Léon Feugère. In-8°, 1852, p. 8.)

(3) On n'a pas de détails sur les enfants d'Auteserre. Un d'eux, qui porta les prénoms de Jean-Antoine, épousa mademoiselle Marie de Baudus, laquelle appartenait à une excellente famille dont le dernier représentant mâle est M. Hippolyte de Baudus, ancien censeur des études au lycée de Cahors. Je dois à M. Ch. du Mas de Rauly, parent de la famille de Baudus, communication d'un document retrouvé par cet obligeant chercheur dans les archives de Montauban (papiers de l'état-civil), document qui nous apprend que le 9 juin 1672 « M. Me Anthoine Dadine, seigneur d'Hauteserre, docteur régent ez droictz et doyen de l'université de Tholose, » fut parrain de son petit-fils Antoine Dadine de Hauteserre, « fils de M. Me Jean-Anthoine Dadine, seigneur d'Hauteserre, conseiller en la cour des aydes de la présente ville, et de dame Marie de Baudus, mariés. » La marraine fut Jeanne de La Croix, veuve de M. Me de Baudus, conseiller en la cour. Le vieux Dadine a signé d'une main triomphante : *Dauteserre parin et ayeul paternel.* — On lit dans les *Mémoires de Nicolas-Joseph Foucault* (p. 91): « Le 11 novembre 1683) j'ai proposé à M. Le-Pelletier M. d'Hauteserre, conseiller en la cour des aides de Montauban, pour remplir la charge de procureur général de la même compagnie, vacante par la mort du sieur du Roc. L'agrément lui en a été accordé. »

Auteserre eut l'occasion de montrer toute la noblesse et toute la générosité de ses sentiments. La peste exerçait d'affreux ravages dans la ville de Cahors. Madame d'Auteserre, sa belle-mère, fut atteinte par le fléau : Antoine ne se souvint plus des torts de la malheureuse femme; il l'entoura de tous les soins qu'elle aurait pu demander à l'affection du meilleur des fils. N'ayant pas réussi à la guérir, Antoine réussit du moins à adoucir le plus possible l'horreur de ses derniers moments; elle mourut entre ses bras, bénissant son pieux dévouement et donnant au loyal ami qu'elle avait méconnu la plus touchante preuve de son estime en lui confiant les deux filles qu'elle laissait d'un premier mariage.

Quand la peste eut disparu, l'évêque de Cahors, Pierre Habert de Montmor, qui siégea de 1627 à 1636, et qui venait de distribuer d'une main infatigable aux pauvres de son diocèse, pendant toute la durée de la contagion, les aumônes les plus abondantes, réunit chez lui, deux fois par semaine, des gens de lettres et des érudits, formant ainsi une sorte d'académie, dont les membres principaux furent Jean de Lacoste (1) et Antoine d'Auteserre, ce dernier traitant, dans ces doctes conférences, avec autant de prédilection que de supériorité, les questions relatives au moyen âge.

En 1630, une chaire de droit canonique étant vacante dans l'université de Cahors, Auteserre se flatta de l'obtenir, mais il échoua, soit que l'on pensât qu'un professeur de vingt-huit ans avait le tort d'être beaucoup trop jeune, soit que l'intrigue, comme il arrive trop souvent, supplantât le mérite. Pourtant, Auteserre avait paru avec tant d'éclat dans le concours,

(1) Jean de Lacoste, plus connu dans l'école sous le nom de Janus a Costa, n'a pas été oublié par Auteserre (*Rerum Aquitan.*, lib. I., cap. VIII). Le *Journal des savants* du 31 août 1676 renferme un article sur un des ouvrages posthumes de ce concitoyen d'Auteserre (*Jani a Costa, Jurisconsulti celeberrimi, antecessoris Tolosani, in Decretales Gregorii IX, p. p. Summaria et commentarii cum variis indicibus*. Paris, 1676, in-4°), article d'où je détache cette phrase : « La publication en sera aussi avantageuse pour la mémoire de son auteur qu'elle le sera peu pour la gloire de ceux qui se sont enrichis de ses dépouilles, et qui ont profité de l'obscurité où il a esté enseveli jusqu'à présent. »

que les suffrages unanimes du public lui avaient en quelque
sorte conféré le titre qu'un indigne rival usurpa. Froissé par
cette injustice, et de plus en plus mécontent de son père auprès duquel il ne trouvait aucune assistance et qui, quoique
surchargé d'années, avait eu l'imprudence d'affronter les
chances d'un troisième mariage, Auteserre abandonna sa ville
natale et alla s'établir à Toulouse au commencement de l'année 1633, quatre-vingt-neuf ans après que Cujas eut, dans
dans de semblables circonstances, quitté, au contraire, Toulouse pour Cahors (1).

Auteserre fut tout d'abord considéré comme un des premiers avocats du parlement de Toulouse (2). Sa réputation,
qui l'avait devancé dans cette ville, s'accrut au point de devenir européenne, quand il eut publié son Traité de la loi romaine (1641) (3), et surtout ses Traités des ducs et des comtes, et de l'origine des fiefs (4). M. de Cathala raconte, à ce

(1) M. Rodière déclare (p. 19) que si Cujas fut chez nous l'oracle du droit romain,
et Dumoulin l'oracle du droit coutumier, Auteserre peut, à juste titre, être appelé
l'oracle du droit canon. Dans l'article du *Journal des savants* que j'ai cité à la note
précédente, Jean de Lacoste est surnommé le Cujas du droit canon.

(2) M. Rodière, moins bien informé que M. de Cathala, dit (p. 4) : « Il ne paraît
pas qu'Hauteserre ait cherché jamais à conquérir une place au barreau de notre ancien parlement. »

(3) Tous les biographes d'Auteserre, à l'exception de M. de Cathala, ont oublié
de parler de son premier ouvrage. Auteserre avait pourtant rappelé, dans l'avis au
lecteur qui précède la première partie de ses *Rerum Aquitanicarum*, la date de
cette publication : « Jam ab anno 1641 legem Romanam edidi Aquitaniæ nostræ
præcursoriam. » Le Traité de la loi romaine a été réimprimé par son auteur à la
suite du troisième livre des *Rerum Aquitanicarum*.

(4) *De Ducibus et comitibus provincialibus Galliæ libri tres, in quibus eorum
origines, incrementa, et cum his Regalium usurpatio et casus illustrantur : acces-
sit de origine Feudorum pro moribus Galliæ liber* (Toulouse, Colomiez, in-4°). Ce
dernier Traité a été inséré par le jurisconsulte allemand Schilter dans le tome III de
sa collection : *Codex juris Alemannici Feudalis* (Strasbourg, 1696, in-4°), avec le
traité d'un autre jurisconsulte de Cahors ici déjà nommé, Marc-Antoine Dominici,
l'adversaire d'Auguste Galland et de Chifflet : *Disquisitio de prærogativa allodio-
rum in provinciis Narbonensi et Aquitanica, quæ jure scripto reguntur* (Paris,
1645, in-4°). Le Traité des ducs et des comtes a été aussi reproduit, accompagné
d'une ample préface, par un autre érudit allemand, le docteur Jean-Georges Estor,
conseiller et historiographe de Hesse, professeur ordinaire en l'un et l'autre droit
(1731, in-8°, Francfort, selon les uns; Giessen, selon les autres). Plusieurs biographes et bibliographes ont répété que le *De origine Feudorum* avait paru pour la
première fois à Paris (in-4°, 1619), sans remarquer ceci que, en 1619, Auteserre

sujet, qu'un gentilhomme de Hambourg, passant à Toulouse quelque temps après la publication de ces livres, alla le voir de la part de sa République, et lui offrit des appointements très-considérables s'il voulait enseigner le droit à Hambourg.

Une cour des aides ayant été, sur ces entrefaites, établie à Cahors, Jean d'Auteserre fut pourvu de la charge de doyen des conseillers de cette compagnie, et, à sa prière, Antoine accepta la charge de lieutenant criminel que son père laissait vacante. Ce ne fut pas pour longtemps. Au bout de deux années, le magistrat qui avait su grouper autour de lui tous les respects et toutes les sympathies, voulut reprendre sa place au barreau de Toulouse (1646). Deux ans plus tard, il fut nommé professeur de droit à l'université de cette ville qui, selon la remarque de M. Rodière, était alors, après Paris, le plus grand foyer scientifique de la France : sa nomination, accueillie dans la capitale du Languedoc par les plus flatteurs applaudissements, fut confirmée par le parlement le 21 octobre 1648 (1).

En cette même année, Auteserre avait fait paraître les cinq premiers livres de son Histoire d'Aquitaine (2), dédiés au

était un adolescent, et que, loin de pouvoir écrire à cette époque un pareil traité, il n'avait pas même ouvert encore un livre de jurisprudence. On trouve cette énormité dans la *Bibliothèque historique de la France* (au n° 39,917), dans la *Bibliothèque curieuse, historique et critique* de David Clément (t. I, 1750, p. 222), dans les *Biographies Michaud et Didot*, etc. M. Guigard (*Bibliothèque héraldique de la France*, 1861, in-8°) assure que ce traité est le meilleur qu'on ait publié sur l'origine des charges, dignités et distinctions honorifiques.

(1) On donne presque partout à la nomination d'Auteserre la fausse date de 1644, par exemple, dans les *Vies des plus célèbres jurisconsultes* de Taisand (avec *Additions* de Ferrières, Paris, 1737, in-4°), dans le *Dictionnaire* de Moréri, dans les *Biographies Michaud et Didot*, etc. La première des lettres inédites ici réunies, datée du 10 novembre 1648, nous apprend que deux ou trois misérables envieux s'efforcèrent d'empêcher une nomination qui fut surtout l'œuvre du chancelier Séguier et qui lui fera toujours honneur.

(2) *Rerum Aquitanicarum libri quinque in quibus vetus Aquitania illustratur*, autore Ant. Dadino Alteserra (Tolosæ, in-4°). L'achevé d'imprimer est du 30 mai 1648.

chancelier Séguier (1). L'auteur retrace tout d'abord en ces lignes éloquentes le programme qu'il s'était proposé de suivre et qu'il a si bien suivi : « Aquitaniam pene Aquitanis ignotam, e latebris eruere : et pulcherrimam olim orbis Romani, hodieque Francici provinciam situ et tenebris ævi obsitam, suæ luci restituere operæ pretium est. Dignum sane Aquitano consilium; quem enim parentibus cultum et honorem, eumdem patriæ ut matri et altrici debemus. Sed arduum et difficile negotium, tot ætatum ruinas instaurare, etc. » Auteserre (p. 2) fait observer qu'il n'a pu s'aider d'aucune histoire spéciale, celle de Jean Besly étant trop incomplète pour lui avoir été de quelque utilité (2). A la fin de son *Proœmium,* Auteserre invoque saint Martial et place son livre sous la protection du grand apôtre de l'Aquitaine.

Je n'ai pas la prétention d'analyser un ouvrage aussi plein, aussi substantiel que celui d'Auteserre. Qu'il me suffise de dire qu'encore à l'heure présente, sur l'histoire, sur la géographie (3), même sur la philologie (4), on trouve dans ces

(1) L'épitre dédicatoire (*Petro Seguierio, Galliarum Cancellario*) est du 22 mai 1648. Auteserre rappelle à son auguste protecteur que les Séguier tirent leur origine du Quercy. J'ai vu, dans le portefeuille 273 de la collection Godefroy, à la bibliothèque de l'Institut, une curieuse lettre écrite au chancelier, le 29 mai 1647, par un certain Darnaldi, officier au présidial de Cahors, sur la généalogie de la famille Séguier, qu'il dit être une des plus vieilles de France. Darnaldi, avec la souplesse infinie dont trop de généalogistes se servent pour exécuter les plus audacieux tours de force, réussit à rattacher les Séguier aux anciens comtes de Clèves; il dit, au début : « Voulant tracer ces lignes, la plume m'est tombée plusieurs fois de la main. » Pourquoi n'en tomba-t-elle pas tout à fait ?

(2) *Histoire des comtes de Poictou et des ducs de Guyenne* (Paris, 1647, in-f°). On sait que Besly s'occupe beaucoup du pays voisin de la Loire, et très peu du pays voisin des Pyrénées. Auteserre n'a oublié de consulter ni les travaux de Scaliger, ni ceux de Vinet. Il n'a pas oublié non plus de consulter divers manuscrits, notamment la chronique du moine d'Angoulême, Adhémar, qui lui fut communiquée par Pithou.

(3) Pour ne citer qu'un seul exemple, je dirai qu'Auteserre vit dans le Puy d'Ussolud l'ancien Uxellodunum, ce que tout le monde à peu près admet aujourd'hui. Qu'il me soit permis, sur ce point, de renvoyer à ma dissertation : *De la question de l'emplacement d'Uxellodunum* (Paris, Dumoulin, 1865).

(4) Voir notamment les chapitres du livre II intitulés *Celtica lingua* et *Alauda, Al, Alpes, Armorica et Bagaudæ, Bardi,* etc., c'est-à-dire les chapitres VI à XXI inclusivement.

pages un grand nombre d'indications précieuses. Les citations s'y pressent exactes non moins que complètes (1); les lumineux rapprochements s'y multiplient; les idées ingénieuses y abondent; en un mot, la sagacité y rivalise partout avec l'érudition, et, comme l'ont reconnu tous les critiques, depuis le P. Lelong jusqu'à M. Rodière, c'est là véritablement un livre fait de main de maître (2).

Incompétent pour juger les travaux du jurisconsulte, je me bornerai à signaler la publication, en 1651, de ses quatre dissertations sur le droit canonique (3), dédiées à Charles de Montchal, archevêque de Toulouse, généreux protecteur des savants et lui-même savant distingué (4).

La peste de 1652 obligea le professeur à suspendre son cours. Il se retira dans la maison de campagne qui l'avait abrité déjà pendant que sévissait la peste de 1628, à la Bastide-du-Vert, et y partagea son temps entre ses livres et ses terres. Je ne puis m'empêcher de croire que, dans cette double culture, ses livres obtenaient un tour de faveur. Auteserre se plongeait si profondément dans l'étude, que les troubles de la Fronde ayant amené sous son toit hospitalier des femmes du voisinage, qui avaient fui leur demeure ménacée ou même dévastée, et qui faisaient retentir tous les échos de leurs gémissements, il ne cessa jamais, au milieu de ce « va-

(1) A propos du Quercy surtout, Auteserre semble avoir voulu épuiser la matière (p. 34-41).

(2) Le P. Lelong a vanté (n° 147 et n° 37501) « l'immense lecture » d'Auteserre et ses « recherches aussi savantes que précises, » éloges que l'on retrouve textuellement dans la *Méthode historique* de Lenglet du Fresnoy, ce copiste perpétuel du P. Lelong. M. Rodière salue dans Auteserre (p. 5) un digne précurseur de Dom Vaissète.

(3) *Dissertationum juris canonici libri IV, quorum duo priores de adjutoribus episcoporum, duo posteriores de sacris censibus* (in-4°). M. Rodière attribue la date de 1650 à cette publication où, dit-il (p. 10), « l'on ne sait ce qu'on doit admirer le plus de l'immensité de l'érudition ou de la sûreté du jugement. »

(4) Charles de Montchal mourut peu de temps après avoir reçu d'Antoine d'Auteserre un hommage si mérité (22 août 1651). — Il allait être remplacé (27 mai 1652) par un prélat qui, lui aussi, apprécia grandement Auteserre, comme on le verra dans les lettres II, III et V.

carme horrible, » — cette expression impolie n'est pas de
moi, mais de M. de Cathala, — il ne cessa jamais, dis-je,
de travailler avec une inaltérable sérénité et comme si son
cabinet fût resté l'asile de la paix et du recueillement. L'ouvrage ainsi composé parut en 1654 : c'était la suite de ses
*Dissertations canoniques* (1).

Auteserre, après un séjour d'un an à la Bastide-du-Vert,
était revenu à Toulouse. Il y publia, en 1657, la seconde partie de son Histoire d'Aquitaine, qui n'est pas moins remarquable que la première, et qui, malheureusement, n'a pas
été suivie d'une troisième et dernière partie conduisant, de
1137 jusqu'au xvi⁰ siècle, les annales de la région du sud-
ouest (2). Auteserre fut député à Paris vers la fin de l'année
1657 pour y défendre les intérêts de l'Université de Toulouse.
Des affaires particulières l'y ramenèrent bientôt, et ce fut
alors que Guillaume de Lamoignon le combla des témoigna-
ges d'une estime qu'il ne prodiguait pas (3). Reconnaissant
de l'accueil du premier président du parlement de Paris,
Auteserre lui dédia un livre que M. Rodière appelle un chef-
d'œuvre (4), le traité *De fictionibus juris* (1659).

(1) *Dissertationum juris canonici lib. V et VI, de parochiis deque officio et po-
testate parochi* (Toulouse, in-4º).

(2) *Rerum Aquitanicarum libri quinque qui sequuntur, quibus continentur gesta
regum et ducum Aquitaniæ, a Clodovæo ad Eleonoram usque, autore Ant. Dadino
Alteserra, antecessore Tolosano* (Toulouse, in-4º). Cette seconde partie est, comme
la première, dédiée au chancelier Séguier. Auteserre avait promis, en 1648 (voir le
privilége en tête du 1er volume), de publier un ouvrage composé de quinze livres, en
trois parties, et il avait renouvelé cette promesse en 1657 (voir le privilége en tête
du second volume).

(3) D'après la quatrième des lettres ici réunies, Auteserre était à Paris le 1er juil-
et 1659). ·

(4) M. Rodière entre, à cet égard, dans des développements qu'il faut lire. Le
sujet traité là pour la première fois, remarque-t-il, l'a été, pour ainsi dire, définitivement. Le *De fictionibus juris* a été réimprimé, en Allemagne, par un professeur de droit de l'université d'Helmstædt, Jean Frédéric Eisenhart (1769, in-8º).
Le savant auteur, en exaltant dans sa préface le mérite d'Auteserre, s'étonne et
s'indigne du silence que gardent sur un si grand jurisconsulte Taisand et Niceron. Il
aurait pu ajouter que Bretonnier, quoi qu'en dise la *Nouvelle Biographie générale*,
a, lui aussi, oublié l'existence d'Auteserre (Introduction au *Recueil, par ordre alphabétique, des principales questions de droit*, etc, Paris 1718, in-12). Autant, du
reste, la France semble, au xviii⁰ siècle, avoir dédaigné Auteserre, autant l'Alle-

L'Assemblée du clergé de 1660 chargea le professeur de droit canon à l'Université de Toulouse d'une mission bien difficile, bien redoutable : il s'agissait de réfuter le livre si savant du jurisconsulte bourguignon Charles Fevret, ce *Traité de l'Abus*, qui a eu tant de succès et qui a porté dans ses pages tant de tempêtes (1). Ce fut l'évêque de Laon, César d'Estrées, depuis cardinal, qui, au nom de tout l'épiscopat français, pria le seul athlète capable alors de se mesurer avec Fevret, de venger « la juridiction et la discipline de l'Eglise (2). » Auteserre répondit à cet appel avec toute sa science et toute sa conscience; mais il fut accusé par quelques-uns d'avoir favorisé les doctrines ultramontaines, et l'on sait qu'à cette époque, où le vent du gallicanisme soufflait plus fort que jamais, c'était là un crime irrémissible. Aussi son manuscrit ne fut-il présenté ni à l'Assemblée de 1666, ni à celle de 1670, et ne put-il être imprimé qu'après la mort de l'indépendant érudit. Dans une des lettres que l'on va lire, Auteserre, le 1er août 1666, explique au chancelier Séguier les pensées de sagesse et de modération qui l'ont guidé dans sa réfutation du Traité de Fevret. Il y déclare avec toute la fierté de l'honnête homme qu'il s'est tenu à égale distance de toute

magne semble avoir voulu le dédommager de ce dédain. Jean Frédéric Jugler lui a donné une place dans le tome v de ses *Biographies d'Hommes de Droit, ou Notices littéraires et critiques sur la vie et les œuvres de quelques jurisconsultes et hommes d'Etat devenus célèbres en Europe* (Leipzig, 1773-1780, 6 vol. in-8°, en allemand). Un autre publiciste d'outre-Rhin, Jean-Pierre de Ludewig, a très-élogieusement mentionné les travaux d'Auteserre dans sa *Vie de Justinien (Vita Justiniani, etc.,* Halle, 1731, in-4°).

(1) *Traité de l'Abus et du vrai sujet des appellations qualifiées du nom d'abus* (Dijon, in-f°, 1653. La seconde édition parut a Lyon, en 1677, 2 vol. in-f°; la cinquième et dernière parut dans cette même ville, en 1736, 2 vol. in-f°).

(2) La lettre de l'évêque de Laon, du 2 mars 1661, a été publiée dans la préface des *Ecclesiasticæ jurisdictionis vindiciæ* (Orléans, 1702, in-4°), à la suite de la notice de M. de Catbala (p. 300) et au bas de la page 13 de la Notice de M. Rodière. La réponse d'Auteserre (18 avril 1661) à une lettre si glorieuse pour lui, n'a été donnée que par M. de Catbala (p. 302). Parmi les prélats qui invitèrent de la manière la plus pressante Auteserre à combattre les sentiments exagérés de Fevret, je signalerai François de Harlay, alors archevêque de Rouen, et qui allait devenir bientôt (8 janvier 1671) archevêque de Paris.

opinion extrême, et qu'il n'a cherché que la pure lumière de
la vérité. La justice qui lui fut refusée par les préjugés de ses
contemporains, lui sera certainement rendue par l'impartiale
postérité. Puisse la lecture de sa lettre au chancelier Séguier
hâter l'heure de la réparation !

En 1664, Auteserre fournit à Colbert les principaux maté-
riaux de l'ouvrage intitulé : *Droits de la Reine,* ouvrage publié
à l'occasion de la dispute qui s'éleva entre les docteurs poli-
tiques de France et d'Espagne touchant les prétentions de
Marie-Thérèse d'Autriche sur ce dernier pays (1).

Presque chaque année voyait éclore un nouveau livre de
l'infatigable travailleur. C'est ainsi que parurent successivement, en 1664, son Commentaire sur les Institutes de Justinien (2); en 1666, son Commentaire sur les Décrétales d'Innocent III (3); en 1669, ses Observations sur les lettres de
saint Grégoire-le-Grand (4); en 1671, sa Défense du privilége
accordé par ce Pape au monastère de Saint-Médard de Sois-
sons (5); en 1672, sa Défense de la constitution de Constan-

(1) M. de Cathala (p. 303) a reproduit la lettre où Colbert, le 17 septembre 1664,
demandait à Auteserre son concours dans les termes les plus gracieux. Auteserre a
fait allusion au service qu'il rendit alors au grand ministre (Lettre du 10 mars 1676,
que l'on trouvera ci-après sous le n° xi).

(2) Voir ci-après la lettre au chancelier Séguier (n° vii).

(3) *Commentarius perpetuus in singulas decretales Innocentii III* (Paris, in-f°).
M. Rodière (p. 11) appelle ce livre le « monument immortel qui assigna à Hauteserre le premier rang parmi les canonistes français, » et ajoute (p. 12) que « ce commentaire, digne à tous égards de la majesté du texte, excita dans toute l'Europe savante un cri unanime d'admiration. » Voir ce qu'en dit le *Journal des savants* du
12 juillet 1666. Deux des lettres qui vont suivre, les lettres vi et viii sont relatives
à cette publication.

(4) *Notæ et observationes in duodecim libros epistolarum B. Gregorii papæ 1*
(Toulouse, in-4°).

(5) *Ecdicus Gregorii papæ adversus Joannem Launoium* (in-8°). Cette dissertation est dédiée au pape Clément X. Le terrible docteur de Sorbonne, Jean de Launoy, avait intitulé la sienne : *Inquisitio in privilegium quod Gregorius primus mo-
nasterio sancti Medardi Suessionensis dedisse dicitur.* Launoy riposta « avec son
style dur et désobligeant. » A ses attaques, Auteserre répondit de la manière à la
fois la plus convenable et la plus solide dans trois lettres adressées à deux de ses
meilleurs amis, les deux premières à l'avocat Louis Nublé, la dernière au P. Pous-
sines. Sur cette querelle, comme sur les innombrables querelles de Launoy, voir la
préface mise par l'abbé Granet en tête des *OEuvres complètes* de ce dernier (10 vol.
in-f°, Genève, 1781-1733).

tin (1); en 1674, son Traité des origines monastisques (2); en 1679, ses Observations sur l'Histoire des Francs de Grégoire de Tours (3), et son Commentaire sur les textes de Triphoninus (4); en 1680, ses Notes sur les vies des Papes par Anastase (5), et son Commentaire sur les Clémentines (6).

Le vénérable vieillard s'était rendu à Paris, à la fin de 1679, pour y surveiller l'impression de ces deux derniers ouvrages, et il y passa deux ans. Ce fut pendant ce séjour que Colbert le présenta à Louis XIV, qui lui adressa les plus bienveillantes paroles. Un an après son retour à Toulouse, le 27 avril 1682, Auteserre rendit sa belle âme à Dieu. M. Rodière a cru pouvoir dire (p. 14) que cette mort fut un égal sujet de douleur pour tous les érudits de l'Europe, dont il était le modèle, et pour une multitude de pauvres, dont il avait été, durant sa longue vie, l'ami et le bienfaiteur. M. de Cathala avait rappelé qu'Auteserre posséda toutes les vertus chrétiennes et morales, et avait particulièrement vanté sa rare modestie, ajoutant qu'une douce gaîté rayonnait dans sa conversation et que le grave érudit ne se refusait même pas le plaisir d'une fine

(1) *Constitutio Constantini, de episcopali judicio, vindicata adversus Jac. Gothofredum antecessorem Genevensem* (in-8°). Cette dissertation est adressée à M. de Sève, alors intendant de Guyenne.

(2) Déjà cité plus haut. Voir sur ce traité le *Journal des savants* de 1676 (p. 115), l'*Histoire des auteurs ecclésiastiques du XVII<sup>e</sup> siècle* d'Ellies Dupin, 3<sup>me</sup> partie (p. 283), la *Bibliothèque* de D. Clément (t. I, p. 223). Ce dernier critique affirme que l' « ouvrage est très curieux, » que l'auteur « avait beaucoup lu des Pères qui traitaient de la vie ascétique, et avait été si charmé des discours fréquents que son oncle maternel, Nicolas Aubespine, ex-provincial de la province de Toulouse, lui avait tenus sur cette matière, qu'il l'examina à fond. » Clément conclut en disant que la lecture de ce traité « est amusante et instructive. »

(3) *Notæ et observationes in decem libros Historiæ Francorum beati Gregorii, Turonensis episcopi, et supplementum Fredegasii* (Toulouse, in-4°). Voir le *Journal des savants* du 26 août 1680.

(4) *Recitationes in Claudii Triphosini libros* (Toulouse, in-4°). Auteserre, dit M. Rodière (p. 10), « fit pour Tryphonin ce que Cujas avait fait pour Africain, et ce mot suffit pour l'éloge de son œuvre. »

(5) *Notæ et observationes in Anastasium de Vitis Romanorum Pontificum* (in-4°, Louis Billaine). Voir le *Journal des savants* du 22 avril 1680, l'*Histoire des auteurs ecclésiastiques* déjà citée (p. 285), etc.

(6) *Commentarii in libros Clementinarum; accessere sex prælectiones habitæ pro instaurandis scholis* (in-4°, Louis Billaine).

2

raillerie (1). M. de Cathala nous apprend encore que cet homme qui aima tant les livres et qui laissa une des plus riches bibliothèques de toute la province, aimait non moins vivement la musique et la peinture, et avait réuni avec un goût exquis une collection de tableaux et de gravures des meilleurs maîtres (2).

Deux ans après la mort d'Auteserre, on publia une partie de ses doctes leçons sur le *Digeste* et sur le *Code* (3). Dix-neuf ans plus tard, parurent enfin ses *Ecclesiasticæ jurisdictionis vindiciæ* (4), qui furent réimprimées en 1736 à la suite du *Traité de l'Abus*, ce qui fait songer à ce vaincu qui, dans certaines cérémonies triomphales, précédait le vainqueur. En France et surtout à Toulouse, pourquoi n'a-t-on pas tenu à honneur de rassembler les travaux épars d'Auteserre? Pourquoi notre oublieuse patrie a-t-elle laissé à un étranger, à l'avocat napolitain Michel Marotta, le soin de publier une édition complète des œuvres de celui qui fut à la fois un si grand jurisconsulte et un si grand historien (5)?

(1) Auteserre soutenait, à ce propos, qu'il ne fallait pas toujours parler bon sens. C'est le spirituel mot d'Horace : *Dulce est desipere in loco.*

(2) L'inscription mise par la piété filiale sur la tombe d'Auteserre dans l'oratoire de Notre-Dame de Nazareth, à Toulouse, a été reproduite par M. de Cathala (p. 298) et par M. Rodière (p. 15). Cette inscription et le buste d'Auteserre se voient encore dans l'oratoire, en face de la chaire.

(3) *Ant. Dadini Alteserræ utriusque juris prof. et decan. Universitatis Tolos. Recitationes quotidianæ in varias partes Digestorum et codicis,* Tom I et II, in-4°, Toulouse. On lit dans le *Journal des savants* du 11 septembre 1684 : « Si nous ne devions voir dans peu la vie de M. de Hauteserre à la tête d'un autre de ses ouvrages qui contiendra en abrégé celle des jurisconsultes, ce serait ici le lieu de faire l'éloge et de parler du mérite de cet auteur qui a passé pour un des plus célèbres jurisconsultes et canonistes de ce siècle. » Suit l'appréciation de ces deux volumes qui, disait-on, « seront bientôt suivis de trois autres. » On loue beaucoup la netteté des explications d'Auteserre.

(4) Voir sur cette publication le *Journal des savants* du 26 mars 1703, où, après une analyse très-détaillée (p. 194-202), tout en vantant la profonde érudition de l'auteur, l'on fait des réserves quant à ses maximes. Voir encore les *Acta Eruditorum, anno MDCCIII, publicata Lipsiæ* (N° XII, p. 521-525), où quelques respectueuses critiques se mêlent à de nombreux éloges, comme pour en relever le prix. J'indiquerai, de plus, l'*Histoire des auteurs ecclésiastiques* (p. 286-293).

(5) *Antonii Dadini Alteserræ opera omnia* (Naples, 1777-1780). J'ai le regret de constater que cette édition manque à notre Bibliothèque Nationale, et j'ose prier les conservateurs de cet établissement de tenir compte de mon regret dans le catalogue... de leurs *Desiderata.*

Les douze lettres inédites d'Auteserre, qui m'ont fourni, comme on l'a vu, plus d'un renseignement pour sa biographie, justifient parfaitement tous les éloges donnés à son caractère. Partout y règne un accent de sincérité qui fait vraiment plaisir. On y remarquera, de plus, la dignité de son ton quand il s'adresse à ses protecteurs, la cordialité de son langage quand il s'agit de ses amis. Précieuses au point de vue biographique, surtout en ce qui regarde le côté moral de l'homme, ces lettres me paraissent présenter, à un autre point de vue, un intérêt considérable. Toutes (moins deux) sont écrites en français, et ce sont là probablement les seules pages écrites ainsi que nous possédions de celui qui, tout considéré, restera toujours une des gloires du xvii° siècle (1).

(1) Auteserre, selon M. de Cathala, avait écrit un grand nombre de lettres en latin et en français, « dont il serait à souhaiter que le public ne fût pas privé... » Je crains bien que ces lettres ne se retrouvent jamais.

# LETTRES D'ANTOINE DADINE D'AUTESERRE.

## I

*Au chancelier Séguier* (1).

Monseigneur,

La lettre que vous m'avez fait l'honeur d'escrire en ma faveur à Monsieur du Verger, recteur de ceste Université, ne pouvait pas venir tard. Elle a fait le plus heureux effet que je pouvoi desirer; puisqu'elle a fait conoistre que vous m'honorés de vostre protection et a estourdi le mauvais courage de deux ou trois qui n'en vouloient pas de moi, et je suis obligé, Monseigneur, de vous rendre ceste juste reconoissance que vous estes l'autheur du bien et de l'honeur que j'ai receu en ceste occasion. La creance qu'on a eu que vous aves receu favorablement mes petits ouvrages m'a concilié des suffrages publics. Je vous proteste aussi, Monseigneur, que je veux tenir ceste place à foy et homage lige de vostre bonté, et que si mes travaux peuvent passer à la postérité, ils porteront de fideles tesmoignages de ma gratitude. La vertu vous a eslevé, Monseigneur, au dessus de la reconoissance des homes, et je ne puis m'acquitter de ce que je doi que par de vœux et de bons desirs, mais si un cœur fidele peut satisfaire, je suis asseuré que je ne mourrai pas ingrat. C'est l'unique passion qui me reste, Monseigneur, de vous pouvoir tesmoigner que je suis avec le respect que je doi,

Monseigneur,
Vostre très humble, très obeissant et très fidelle serviteur'

AUTESERRE.

A Tolose, ce 10 novembre 1648.

(1) Bibliothèque nationale, fonds français, vol. 17,390, p. 143.

## II

*A Monsieur Baluze, docteur en théologie, et aumosnier de*
*Monseigneur l'Archevesque de Tolose* (1).

Monsieur,

Je rends graces à Monseigneur du présent de son livre (2) que vous m'avés fait de sa part, par la lettre ci incluse que je vous supplie lui présenter avec les asseurances de mon très humble service. Je vous en remercie aussi come médiateur de ceste grace dont je m'advoue indigne. J'ai leu et admiré cest ouvrage, comme toutes les productions de l'esprit de ce grand prélat. J'ai raison d'admirer sa bonté de quoy il m'a voulu canoniser en faisant mention de moi dans son ouvrage. C'est la derniere perfection, la bonté jointe avec l'éminente vertu. O que vous estes heureux d'estre auprès de cest illustre ! Pour vous rendre compte de mon loisir, je ne perds point de temps à travailler à mon Innocent 3 (3). Je suis parvenu au 5e livre. J'espère qu'il y aura quelques endroitz qui ne vous desplairont pas..... Je voi ici M. Medon (4) assez souvent. Nous parlons tousjours de Monseigneur. Vous n'estes pas oublié dans nos conversations. Nostre fortune seroit achevée si on nous vouloit rendre Monseigneur (5), mais c'est ce que je n'oze esperer et il le faut soufrir sans murmurer, puisque le Roy le veut. Sa volonté soit faite pourveu qu'on luy done le chapeau (6) ! Quoique vous soyez dans l'empire des letres et de la fortune, je vous prie m'aimer, et trouvez bon que je vous asseure que je suis avec vérité,

Monsieur,

Vostre très humble et très obeissant serviteur,

AUTESERRE.

A Tolose, le 27 octobre 1658.

(1) Bibliothèque nationale, collection dite des Armoires de Baluze, vol. 361, p. 17.
(2) Ce livre devait être : *Epistola ad Henric. Valesium de tempore quo primum in Galliis suscepta est Christi fides* (Paris, 1658, in-8e).
(3) Quoique ne perdant pas de temps, Autéserre n'acheva son grand travail que dans l'été de l'année suivante, comme la lettre n° IV va nous le montrer. — On sait que Baluze, lui aussi, s'est glorieusement occupé d'Innocent III, dont il a publié les lettres avec tant de soin et de savoir (*Epistolarum Innocentii III, romani pontificis, libri XI*, 1682, in-fo, 2 vol.).
(4) Bernard Medon était un savant magistrat de Toulouse, qui était l'intime ami de Baluze. J'ai publié l'an dernier quelques lettres inédites de ce biographe de Cazeneuve et de Maran.
(5) Marca ne fut rendu aux Toulousains que pendant quelques jours, en avril 1659 : alors il présida, dans sa ville archiépiscopale, les Etats de Languedoc.
(6) L'auteur du *De Concordia Sacerdotii et Imperii* n'eut jamais et n'aurait probablement jamais eu le chapeau.

### III

*A Monseigneur l'Archevesque de Tolose* (1).

Monseigneur,

Le livre que j'ai receu de vostre part me met dans une obligation bien agréable de vous en rendre un double remerciment come je fais, avec le respet que je dois, l'un, de quoy vous m'avés fait l'honneur de me faire part de vos ouvrages, et l'autre de ce que vous m'avés fait entrer dans le sanctuaire, et avez meslé le nom d'un pecheur et d'un pauvre idiot, avec ceux des saints, et des sçavans. Je ne méritois pas une de ces faveurs. Je m'en reconois indigne de bone foy, et je vous declare, Monseigneur, que je les veux tenir absolument de vostre bonté, qui peut doner du prix à des choses qui n'en meritent point. J'ai leu et admiré vostre ouvrage. Je n'ai pu en faire la lecture sans estre sollicité à faire de nouveaux vœus pour vostre retour, et sans envier à la cour le thrésor qu'elle possede. Il me semble que Paris n'est riche que de nostre pauvreté, et qu'on nous fait injure de nous ravir ce qu'on nous a doné une fois. Je ne me propose d'autre consolation de vostre esloignement, que l'esperance de voir vostre vertu reconue aussi necessaire à l'Estat qu'a l'Eglise. Ce sont les souhaits continuels que je fais avec la mesme passion que j'ai d'estre toute ma vie,

Monseigneur, vostre très humble et très obeissant serviteur,

AUTESERRE.

A Tolose, le 27 octobre 1658.


### IV

*Illustrissimo viro Petro Seguierio, Franciæ cancellario* (2).

Cancellarie illustrissime, commentarium in decretales Innocentii III. P. M. quem proxime in scholis majori ex parte prælegi editurus, haudquaquam deliberavi cuinam operam dicarem : propensior in te confestim sese convertit animus, nec alium spectavit studiorum auspicem, quam quem habuit auctorem. Nimirum tu idem es qui canonicas hasce, et Aquitanicas lucubrationes parturisti, et cultus tui desiderio flagrantem, utrasque ut tentaret provocasti. Qualescum-

(1 *Ibidem*, vol. 325, p. 100.
(2) *Ibidem*, Fonds Français, vol. 17395, p. 61.

que studiorum successus, merito tibi acceptos est quod referam : si quid enim profeci, te incentore profeci, dum tibi probari et placere his artibus cupio, quibus dignitatis culmen illustras. Tuis auspiciis Innocentius noster glossularum situ et squallore detersus prodire lætatur. Tot seculis a suis spretus, a Gallis secum melius actum fatetur, jam olim viros clarissimos Paul. Dumay, Regium senatorem (1), et Franc. Bosquet, episcopum Monspeliensem (2), sui nominis studiosos nactus, nec enim hac in re quidquam mihi tribuo, qui me tantis viris longe imparem sentio. Gaudet Innocentius in Galliam redire, non inscius Romanorum Pontificum eam esse patronam et adjutricem. Meminit vir divinus se olim Parisiensis Academiæ alumnum (3), ac pene infulas tibi submittit, tuo foro et tribunali se non solutum ratus, melioris vitæ cunabulis natus in Gallia. Nec invidiosum tibi tradi pontificios commentarios, qui munus civile ut sacerdotium geris, Ecclesiam eodem spiritu quo rempublicam tueris, et jus pontificium æque ac civile quasi mancipio possides. Tibi debetur quidquid Religio sacrum facit, qui virtutis dotibus sacerdotem te præstas et proprios lares vitæ pietate, et sanctissimæ conjugis meritis consecras. Accipe igitur, vir illustrissime, Innocentium nostrum, et si quid momenti vacat à Republica id Maximo Pontifici et juris perito quæso ne deneges, ejusque interpretem tui tutela numinis foveas,

Amplitudinis vestræ,   devotissimus cliens.

Ant. Dadinus Alteserra,

Lutetiæ Parisiorum.   antecessor Tolosanus.

1º Julii 1659.


V

*Clarissimo viro dom. Baluzio, canonico Rhemensis ecclesiæ,*
*Antonius Dadinus Alteserra* (4).

Non sine lacrymis, vir clarissime, legi tuas litteras una et vitam illustrissimi domini nostri Petri de Marca eleganti stylo a te cons-

(1) Paul Dumay, né à Toulouse en 1585, mort à Dijon, conseiller au Parlement de Bourgogne en 1645, avait publié en 1625 quelques lettres d'Innocent III (*Innocentii III, pont. max., epistolæ* (Paris, in-8º.)

(2) François de Bosquet, né à Narbonne en 1605, mort évêque de Montpellier en 1676, avait, en 1635, donné un recueil plus considérable des lettres du même pape (*Innocentii III Epistol. Lib. IV, cum notis,* Toulouse, in-fº.)

(3) Innocent III (Lothaire Conti) eut pour maître à Paris Pierre de Corbeil; il y eut pour condisciple Robert de Courçon que, quelques années plus tard, il devai élever au cardinalat.

(4) *Ibidem,* collection dite des Armoires de Baluze, vol. 854, p. 128. La lettre n'est pas datée, mais elle a été écrite dans les premiers mois de 1663.

criptam (1). Recenti vulneri ferrum refixit commemoratio viri æternum lugendi. Hæc legens illachrymatus sum divinum heroem immaturo fato subreptum Ecclesiæ, Reipublicæ, litteris et amicis. Si cujus tamen solatii animus compos est, id acceptum debeo tibi et stylo tuo. Fore enim mihi suadeo non extinctum eum, cujus fama superstes æternum durabit, propriis monumentis, et tuis vindicata. Lubens igitur tibi gratias ago de accepto munere tibique omnia prospera opto. Si libet, dominum Vionium (2) meo nomine saluta, et me semper tui studiosum et devotum cultorem ama.

## VI

### Au chancelier Séguier (3).

Monseigneur,

La douleur que j'ai du retardement de l'impression de mon ouvrage sur Innocent troisiesme me contraint de vous demander justice contre les héritiers de feu Pierre Lamy, marchand libraire au Palais, qui s'estoit chargé de l'impression. Je ne prendrois pas cete liberté si l'ouvrage n'estoit tout vostre, et si je me proposois d'autre interest que cellui de faire conoistre à la postérité la passion que j'ai eu pour vostre service, et ma gratitude pour les bienfaits que j'ai receu de vostre bonté, mais je serois bien stupide de n'avoir point du ressentiment, pour une injure qui est faite à vostre nom, qui est à la teste de cet ouvrage, et je suis pardonnable, Monseigneur, si je tasche de vous mettre dans mes interests, pour en avoir raison. Les voyes du procès que j'ai tentées sont si longues que j'ai creu ne pouvoir mieux faire que d'implorer vostre protection, et vous demander avec respec, comme je fais, une parolle de vostre bouche qui sans

(1) Pierre de Marca était mort le 29 juin 1662. Baluze ne perdit pas un moment pour écrire la vie de celui dont il avait été l'aumônier, le bibliothécaire, le collaborateur et l'ami.

Dans le volume 854, à la page 250, est conservé le brouillon de la lettre latine écrite par Baluze « clarissimo et eruditissimo viro Antonio Dadino Alteserræ, regio jurium professori in Academia Tolosana. » Baluze réclame l'indulgence d'Auteserre pour son opuscule : *De vita illustrissimi viri Petri de Marca* (Paris, 1663, in-8o de 150 pages). Sa lettre est datée de *Lutetiæ Parisiorum VIIII Kal. febr. MDCLXIII.*

(2) Antoine de Vion d'Hérouval, auditeur des comptes, mort à Paris plus qu'octogénaire en 1689, savant modeste qui aida de ses libérales communications plusieurs de ses illustres amis, tels que le P. Labbe, dom Luc d'Acheri et surtout Du Cange.

(3) Fonds français, vol. 17404, p. 60.

doute terminera ces longueurs, s'il vous plaist faire commander à Billaine (1), qui a espousé la veuve de Lamy, d'achever au plustost cet ouvrage, ou de me reintegrer de ma copie et canceller (2) nos conventions, car je ne manquerois pas icy d'imprimeur. C'est une grace que j'ose vous demander, Monseigneur, par les mesmes sentimens qui m'ont sollicité à la composition de cet ouvrage, qui ne sont autres que ceux d'un juste desir que j'ai de m'acquitter d'un vœu saint et sacré. Il y a long temps que je suis vostre redevable. Cella est digne de vostre charité d'aider un debiteur de bonne foy qui veut s'acquiter. J'espere encore, Monseigneur, d'avoir l'honeur de vous presanter cet ouvrage de ma main et de vous assurer que je suis plus que persone du monde,

Monseigneur,

Vostre très humble, très obeissant et très fidelle serviteur,

AUTESERRE.

A Tolose, le 29 avril 1664.


## VII

*Au même* (1).

Monseigneur,

Attendant d'avoir l'honeur de vous faire presenter mon Innocent troisiesme qu'on achéve enfin d'imprimer, j'oze vous offrir un commentaire sur les Instituts que je viens de donner. Le jugement favorable que le Journal des Sçavans en a fait (2) me persuade que vous ne trouverez pas mauvaise ma liberté. Je vous supplie, Monseigneur, recevoir ce petit ouvrage avec la bonté que vous avez pour tout ce qui porte le nom de lettres et faites-moi, s'il vous plaist, l'honeur de croire que je suis avec le respect que je dois,

Monseigneur,

Vostre très humble, très obeissant et très fidelle serviteur,

AUTESERRE.

(1) *Ibidem*, vol. 17412, p. 19. La lettre n'est pas datée, mais elle est de 1665, comme l'indique la seconde phrase.

(2) Voici tout entier l'article du *Journal des Sçavans* du lundy 26 janvier 1665: « *Brevis et enucleata Expositio in Institutionum Justiniani libros quatuor: Auctore Altaserra, antecessore Tolosano. Tolosæ. In-4.* — On a déjà beaucoup travaillé sur les Instituts : mais ce commentaire est le meilleur de ceux qui ont paru jusques à présent. Quelques uns méprisent ces sortes d'ouvrages : cependant il n'y

## VIII

*Au même* (1).

Monseigneur,

Je vous supplie d'agreer que mon fils vous présente mon Innocent troisiesme. Il y a long temps que j'aurois eu moy mesme cet honneur si le peu de considération que l'imprimeur a eu pour un absent, n'en avoit retardé l'impression. Je n'ay rien omis pour l'avancer, jusques à luy faire un procez pour cela. L'ouvrage ne viendra pas trop tard, Monseigneur, s'il vous peut estre agreable. Vous m'avez fait l'honneur d'en recevoir les premières feuilles avec démonstration d'en estre satisfaict. Je vous supplie très-humblement de recevoir le tout avec la mesme bonté. Comme, Monseigneur, l'honeur de vostre approbation est le plus agreable fruict que je puis recueillir de mes estudes, je n'ay point aussi de plus grande passion que de faire cognoistre à la postérité que j'ay esté toutte ma vie,

Monseigneur,

Vostre très humble, très obeissant et très fidelle serviteur,

AUTESERRE.

A Tolose, ce 15 avril 1666.

## IX

*Au même* (2).

Monseigneur,

J'obéis avec respect et soumission à la loy que Vostre Grandeur m'impose. Mon fils aura l'honeur de lui remettre mon ouvrage. Je

en a point de plus difficiles, et comme la science est toute dans ses principes, il faut aussi en avoir une connoissance parfaite pour les bien expliquer. M. de Hauteserre a fait beaucoup d'autres ouvrages plus considérables, desquels on différera de parler, jusques à ce que l'occasion de le faire se presente. »

(1) *Ibidem*, vol. 17408, p. 81.

(2) *Ibid.* vol. 17402, p. 51. On lit au dos de la lettre cette note d'une écriture du temps : « Lettre de M. Auteserre, de Tolose, 1ᵉʳ août 1666. Il envoie à Monseigneur un manuscrit intitulé : *De Jurisdictione ecclesiastica tuenda*, sur lequel il le supplie de jeter les yeux, etc. » Auteserre avait, en effet, tout d'abord donné à sa réfutation du traité de Fevret le titre que voici : *De Jurisdictione ecclesiastica tuenda, adversus insultus auctoris tractatus de abusu et aliorum*, et c'est le titre qu'on peut lire dans le Privilége et en tête des huit premiers livres. Le nouveau ti-

la supplie très humblement d'y jetter les yeux, et si je suis assez
heureux pour meriter son approbation, je la supplie de m'accorder la
permission pour le faire imprimer. J'espère, Monseigneur, que vous
serés satisfait de mon travail, et que vous avoürés que je n'ay pas
escrit en mercenaire, mais bien en professeur, qui cherche la vérité. Je maintiens la jurisdiction de l'Eglise, non pour l'opposer à la
jurisdiction Royale, mais bien pour l'opposer au relâchement et à la
dissolution des mœurs des ecclésiastiques et pour conserver la discipline qui ne subsiste que par la vigueur de la jurisdiction. Je fais connoistre l'interest que les Princes ont de conserver la jurisdiction ecclésiastique. Je ne condamne pas les appellations comme d'abus, au contraire je les reconnois un remède très-salutaire pour reprimer les en-
treprises des juges d'Eglise, et particulièrement celles de Rome. Il est
vray que je n'approuve pas l'usage indiscret des appellations comme
d'abus qui s'est glissé depuis quelques années, et dont les Parle-
ments sont infestés, et je ne suis pas de l'avis de ceux qui ne font
point de distinction des griefs et des moyens d'abus. Je ne veus pas,
Monseigneur, justifier mon ouvrage par le rebut que Messieurs de
l'Assemblée du Clergé en ont faict; j'attens de vostre justice un plus
favorable jugement. C'est le tribunal souverain auquel j'ay recours,
auquel je me soumets, avec cette protestation que s'il y a quelque
endroit qui choque les sentiments de Vostre Grandeur, je suis tout
disposé de le reformer et à l'adoucir du mieux qu'il sera possible. Je
n'ay qu'a luy faire connoistre qu'il m'importe que cet ouvrage sorte
au jour de mes mains, pour prévenir la malice de mes ennemis qui
l'ont eu longtemps entre les leurs, et qui pourroient le faire parois-
tre altéré et corrompu. Je vous demende pardon si je vous entretiens si longuement. Je ne puis encore finir sans vous demender
vostre protection et vous asseurer que je suis avec le respect que je
dois,

     Monseigneur,
     Vostre très humble, très obeissant et très fidelle serviteur,

         AUTESERRE.

A Tolose, le 1 aoust 1666.

tre fut imaginé par M. du Gono, ancien avocat au parlement de Paris. Un autre ancien avocat au même parlement, M. Vaillant (Ant.), fut l'examinateur de l'ouvrage
et eut soin, en bon gallican, de protester çà et là contre les *termes trop durs* em-
ployés par l'adversaire de Feyret et contre les *propositions contraires à nos usages*
avancées par lui. On a souvent fait de ce Vaillant l'éditeur des *Vindiciæ*. Il n'en fut
que l'annotateur. Le véritable éditeur fut un petit-fils de l'auteur, l'abbé d'Auteserre, chanoine de l'église cathédrale de Cahors, qui avait obtenu le privilége du
chancelier de Pontchartrain.

## X

*Au même* (1)

Monseigneur,

Il a pleu à Vostre Grandeur de faire esperer à mon fils le privi-lége pour mon ouvrage contre Fevret. Depuis, Monsieur Doujat (2) a veu cet ouvrage par vostre ordre, et je croy qu'il n'i a trouvé rien à redire. Ce qu'il m'en a escrit me le tesmoigne assez, et je croy de sa sincérité qu'il vous en aura rendu le mesme tesmoignage, et quoique, Monseigneur, je n'en vueille pas estre cru sur ma foy, j'ose bien maintenir mon ouvrage sans reproche. Je n'ai garde de vouloir m'exposer à une censure. J'ay quelque honneur à perdre, et je suis en un aage où on tache de conserver ce qu'on a acquis. C'est la cause, Monseigneur, que je supplie Vostre Grandeur avec la soumission que je dois de m'accorder la grâce qu'elle m'a fait espérer, et dont certainement mon ouvrage connu ne me rendra pas indigne. C'est de quoy je l'ose asseurer, comme je la supplie de croire que je suis avec le respect que je doy,

Monseigneur,
De Vostre Grandeur,
Le très humble, très obeissant et très fidèle serviteur,
AUTESERRE.

A Tolose, le 3 aoust 1667.

## XI

*A Colbert* (2).

Monseigneur,

Je vous supplie très humblement de ne désapprouver pas la li-berté que je prens de vous escrire et de recourir à vous dans une occasion qui ne peut qu'estre extrêmement fâcheuse à ceux qui comme moi ont une fortune très bornée. L'on m'a taxé ensuite à près

(1) *Ibid.*, vol. 17410, p. 7.
(2) Le toulousain Jean Doujat, célèbre au XVII° siécle, comme professeur, comme historiographe, comme académicien, et, malgré tout cela, aujourd'hui inconnu. Voir les lettres inédites que je viens de publier de cet érudit dans l'opuscule intitulé : *Lettres toulousaines,* 1876.
(2) *Ibid.*, collection dite des Armoires de Baluze, vol. 336, p. 74.

de deux mille livres pour la terre d'Hauteserre qui a esté du temporel de l'abbaye de la Garde-Dieu. Il semble que je ne devrois pas me plaindre de me voir enveloppé dans une affaire générale, dans laquelle tous les possesseurs de semblables biens sont taxés. Mais, Monseigneur, outre que l'on m'a surtaxé et qu'il est véritable que je tiens ce bien pour beaucoup plus qu'il ne vaut, j'ay cru, d'ailleurs, que je pouvais vous supplier très-humblement de vouloir estre mon intercesseur pour obtenir de Sa Majesté quelque grace de cette taxe. Il y a longues années que je travaille pour le public avec beaucoup d'application. Je puis même dire que j'ay rendu quelque service à l'Eglise, ayant composé divers ouvrages sur des matières ecclesiastiques qui ont esté bien receus, sans parler d'un autre livre que j'ay fait par ordre exprès de Messieurs du clergé pour respondre au Traité de l'Abus duquel touttesfois je n'ay tiré pour toute reconnaissance qu'un juste sujet de douleur contre quelques-uns de ces messieurs. Vous me permetrés encore, Monseigneur, de vous faire seuvenir que j'ay travaillé autresfois par vos ordres sur les moyens de restitution contre la renonciation de la Reine, et que vous me fîtes conestre que mon travail vous avait pleu. J'ay plusieurs autres ouvrages prets à mettre au jour, desquels il n'y a pas longtemps que je vous ay envoyé la liste, et dont une partie peut servir à illustrer l'histoire de France, comme sont les annales d'Aquitaine (1) ou un volume d'observations sur l'histoire de saint Grégoire de Tours. Je ne vous dis tout cecy, Monseigneur, que pour tascher de vous persuader que je ne suis pas tout à fait indigne de vos faveurs, puisqu'il est vrai que vous aimés les lettres, et ceux qui en font profession. Je vous demande donc quelque grace pour cette taxe, et vous prie très humblement d'estre persuadé que le souvenir de vos bontés me sera si cher que j'en rendray ma reconnoissance publique.

Je suis cependant avec une entière soumission et un profond respect,

Monseigneur,
Vostre très humble et très obeissant serviteur,

AUTESERRE,
doyen de l'Université de Tolose (2).

A Tolose, ce 10 mars 1676.

(1) Sans doute la troisième partie des *Rerum Aquitanicarum*.
(2) C'est la première fois que, dans ses lettres, Auteserre prend ce titre. Selon M. Rodière (p. 6), ce fut en 1671 qu'Auteserre devint doyen de l'Université de Toulouse.

## XII

*Au même* (1).

Monseigneur,

J'ai prié le sieur Ponsson, advocat en parlement, de presenter à Vostre Grandeur mes observations sur Anastase. Je la suplie très humblement de les vouloir recevoir, et de leur doner place dans sa bibliotheque, et si parmi ses grandes occupations elle peut desrober quelques momens, j'oserai aussi la supplier d'y jetter les yeux. J'espère qu'elle y trouvera quelque satisfaction et qu'elle y lira des choses qui ont eschappé à bien d'honestes gens. Je n'ai, Monseigneur, qu'à prier Vostre Grandeur avec le mesme respect de croire que je suis avec la gratitude et la reconoissance que je dois,

Monseigneur,

de Vostre Grandeur,

le très humble, très obeissant et très fidelle serviteur,

AUTESERRE.

A Tolose, le 20 décembre 1679.

(1) *Ibidem*, vol. 361, p. 19. La suscription de la lettre est celle-ci : « À Monseigneur Colbert, ministre et secrétaire d'Estat. »

# APPENDICE.

## I

**Une nouvelle lettre d'Antoine Dadine d'Auteserre.**

Je viens de lire dans un livre excellent : *Michel de l'Hospital avant son élévation au poste de chancelier de France, 1505-1558*, par E. Dupré-Lasale, conseiller à la cour de cassation (Paris, 1875, in-8°), une lettre écrite par Antoine Dadine d'Auteserre « à M. de La Marre, conseiller du Roy au parlement de Dijon (1). » En empruntant cette lettre au savant magistrat (2), je le féliciterai cordialement d'avoir trouvé (Bibliothèque nationale, fonds latin, vol. 6069) un document si curieux pour ceux qui s'intéressent à Cujas, comme pour ceux qui s'intéressent à Auteserre :

Monsieur,

Je ne puis que louer votre dessein de donner la vie de M. Cujas; c'est un ouvrage digne de vous et que j'attens avec impatience (3), Je voudrois de bon cœur y contribuer. J'en ai escrit à M. Valet. professeur ès université de Cahors, pour scavoir s'il en est fait nulle mention dans les registres de l'université. J'attens la response. Cependant, Monsieur, je vous dirai ce que j'en sçay. J'ay ouy dire à feu M. Oronce, chanoine en l'église cathédrale de Cahors, qu'il estoit fils d'un tondeur de draps de Toulouse, que son nom estoit Cujaus, mais qu'il se fit appeler Cujas pour dégasconiser son nom (4). Feu M. du Verger, doien de cette université, m'a dit plusieurs fois que c'estoit une erreur que M. Cujas eut jamais disputé aucune ré-

(1) Voir sur Philibert de La Mare, mort le 16 mai 1687, le *Cabinet des manuscrits de la Bibliothèque impériale*, par M. Léopold Delisle, t. I, p. 361.

(2) Appendice IX (consacré à Cujas), p. 329-331.

(3) Ph. de La Mare ne paraît pas avoir composé cette vie de Cujas, mais il a laissé une vie de Saumaise que l'on devrait bien publier. Il a laissé aussi des mémoires inédits qui mériteraient d'être imprimés.

(4) Ceci répond à une question posée dans la *Revue de Gascogne* d'août 1873 (p. 388) à propos de l'origine béarnaise de Cujas indiquée par M. G. Bascle de Lagrèze (*Le Parlement de Navarre*, 1875).

gence et que Forcatel l'eut emporté sur lui, et, de fait, il ne s'en trouve nulle mention dans le registre de l'université (1). J'ay ouy dire à feu M. Girard Vaxis, professeur en l'université à Cahors, que Pierre Vaxis, son père, et Louis de Peyrusse, son (2) bisayeul maternel, lors professeurs, l'avoient appelé à Cahors, lesquels ayant assisté à sa première lecture, ledit sieur de Peyrusse luy dit qu'il avoit dit de belles choses et qu'il falloit mieux mesnager le saboural, mot du pays qui signifie le lard qu'on met au pot pour assaisonner le potage (3). Je vous entretiens de ces bagatelles, parce qu'on a curiosité de sçavoir les choses les plus menues de la vie des grands hommes; il en est comme des grands bâtiments : on ne les compose pas tout de marbre et de porphyre. Vous avez remarqué l'endroit de ses observations où il dit *Cum legerem Cadurci;* il fut appelé à Valence par M. Roaldès qui estoit son bon amy; partout où il alloit, il menoit son auditoire. J'ay ouy dire à feu M. de La Coste, qui avoit esté son disciple, qu'il n'avoit point accoutumé d'expliquer, mais qu'il dictoit si lentement qu'on pouvoit aisément escrire *ex ore dictantis;* le mesme m'a dit qu'il avoit esté fort continent jusqu'à l'âge de cinquante ans, mais que depuis il se desbaucha jusques à la diffamation, et qu'estant revenu à lui, il en conçut tant de douleur qu'il en pleuroit bien souvent. J'ay ouy dire à M. de Chasson, advocat en la court, qui a fait ses estudes à Bourges, sur le rapport d'une vieille femme, qu'il menoit une vie si simple, que sortant de l'escolle, accompagné de tout ce qu'il y avoit d'escolliers, il passoit au marché, acheptoit des herbes pour son pot qu'il mettoit dans un pan de sa robe. Il y a des lettres de feu M. Cujas audit sieur de Roaldès qui sont entre les mains d'un Roaldès, à Cahors; je verray d'en retirer copie et vous les enverray.

Je reçoy, Monsieur, comme un tesmoignage très-cher de vostre

(1) M. Dupré-Lasale déclare, après M. Benech, que Cujas n'a jamais échoué dans le concours dont le résultat a tant été reproché à la ville de Toulouse. Il rappelle qu'avant la destruction révolutionnaire des archives de l'université de Toulouse, Bernard Medon, en 1672, et l'abbé Hélyot, en 1771, avaient constaté que, dans les actes du concours, Cujas n'était pas nommé, que, par conséquent, il n'était pas sur les rangs. Le témoignage nouveau introduit dans le débat par M. Dupré-Lasale, témoignage qui est le premier par la date, est aussi le premier par l'importance, et j'en signalerai d'autant plus la grande autorité, que — je m'en accuse humblement — j'ai jadis été moins juste, à ce sujet, envers les concitoyens de Cujas (*Vies des poètes gascons,* 1866, p. 37, n. 1).

(2) *Sic.* Il est évident qu'il faut lire *mon bisaïeul maternel.*

(3) Ce mot a pour racine *sapor,* saveur. Le bouquet d'herbes aromatiques qu'on met dans le pot au feu s'appelle encore, en Armagnac, *las sabous.*

bonté, l'employ que vous me donnez. Je vous supplie, Monsieur, trouver bon que je vous demande l'honneur de votre amitié, et que je vous asseure, comme je fais, que je veux estre toute ma vie, avec le respect que je vous doy,

Monsieur,

Votre très-humble et très-obéissant serviteur,

AUTESERRE.

A Tolose, ce 9 février 1665.


## II

### Une lettre inédite de François d'Auteserre.

M. de Cathala, à la suite de l'*Eloge historique* d'Antoine d'Auteserre, a retracé l'*Eloge historique* de François d'Auteserre (p. 305-311). Voici les principales indications qu'il nous fournit sur cet écrivain si peu connu : François d'Auteserre naquit à Cahors en 1607; il fit ses études au collége de cette ville, et, beaucoup plus précoce que son frère aîné, il donna au public, étant à peine âgé de dix-huit ans, un savant commentaire sur un ouvrage de Fulgence Ferrand, diacre de l'église de Carthage (1); professeur de droit à l'université de Poitiers en 1690, il passa dans cette ville le reste de sa vie, y composant divers ouvrages (2), dont le plus important est précisément celui dont il parle à Pierre de Marca dans la lettre que l'on va lire, ouvrage qu'il intitula : *Decisiones illustrium controversiarum majestatis et imperii, jurisque publici summorum principum.*

(1) *Nota et animadversiones ad indiculos ecclesiasticorum canonum Fulgentii Ferrandi*, etc. (Cahors, 1625). Tous les savants dont la ville de Cahors se glorifiait alors prodiguèrent les compliments au jeune auteur. Parmi les *testimonia* qui remplissent les premières pages du volume, on remarque une pièce de vers composée par Jean d'Auteserre à la louange de son fils.

(2) François d'Auteserre présenta à la reine-régente, en 1651, quand la cour, se rendant à Bordeaux, passa par Poitiers, un livre intitulé : *La piété des églises d'Orient à l'honneur de la conception de la très-sainte et très-glorieuse Vierge, protectrice de la France*, dédié à la reine Anne d'Autriche. Il avait publié, en 1646, un opuscule intitulé : *Francia exterorum principum summa protectrix.* (Paris, in-4o.)

*A Monseigneur, Monseigneur de Marca, conseiller du Roi en ses
conseils d'Etat, demeurant dans la rue proche de Monseigneur
le chancelier, à Paris* (1).

Monseigneur, pardonnez, s'il vous plaist, à ma hardiesse, si j'entre-
prens cete liberté, que d'oser vous renouveller les aveus et les re-
cognoissances très-fidèles de mes très-humbles services. Enfin,
après tant de disgrâces, je commence à posseder quelque calme pour
pouvoir donner les derniers accomplissemens aux desseins que j'a-
vois eu l'honneur de vous proposer. Je conçois une si haute et si
parfaicte estime de la grandeur de vostre jugement, que veritablement le plus haut objet que je me puis former, c'est de pouvoir sous-
tenir la faveur qu'il vous a pleu me donner dans le jugement qu'il
vous pleust faire sur ces premiers ouvrages que j'avois publiés à
l'âge de dix-huit ans. Dans cete confiance, Monseigneur, j'entre-
prends de donner la dernière main à un si long et si fâcheux travail
auquel je me suis engagé depuis si longtemps, dans lequel je tasche
de faire voir une très exacte recherche des droicts des Estats et Em-
pires. J'ai veu depuis trois ou quatre jours M. [Pignay?], docteur de
Sorbone, qui m'a dict que vous aviez donné quelques ouvrages pour
accorder ces contestations de la jurisdiction civile et ecclesiasti-
que (2). A la verite il y a fort longtemps que j'avois veu des grands
hommes qui en divers temps avoient entrepris ceste même tasche
*de concordia civili et ecclesiastica,* mais j'espère que vous appo-
serez le seau inviolable de ceste concorde entre ces puissances, et
veritablement, Monseigneur, je suis dans les ravissements et les
plus hautes admirations, lorsque je pense au bonheur que j'ai eu de
vous pouvoir approcher, et voir dans les faveurs de vostre confe-
rance les plus éclatantes idées. Je faicts tous les derniers efforts
pour rompre mes chaines, et vous pouvoir aller dire ce que je vous
suis de toute l'étendue de mon cœur et de ma vie plus que tous les
hommes du monde, Monseigneur,

Votre très humble et très obéissant serviteur,

De Hauteserrz de Salvaison.

De Poictiers, ce 15 aoust 1643.

(1) Bibliothèque Nationale, collection dite des Armoiries de Baluze, vol. 124,
p. 43.

(2) Marca publia, en 1641, le *De concordia sacerdotii et imperii* (in-4°).

## III

### Lettre à M. Ph. Tamizey de Larroque, sur l'édition napolitaine des œuvres d'Auteserre.

Mon cher ami,

Vous avez écrit, à la fin de votre notice sur Auteserre, cette phrase indignée ou du moins empreinte d'une affliction patriotique : « Pourquoi notre oublieuse patrie a-t-elle laissé à un étranger, à l'avocat » napolitain Michel Marotta, le soin de publier une édition complète » des œuvres de celui qui fut à la fois un si grand jurisconsulte et » un si grand historien ? » Vous avez en même temps averti vos lecteurs que cette précieuse collection manquait à la Bibliothèque nationale et prié les conservateurs de cet établissement de se préoccuper enfin d'une telle lacune.

Ils seraient bien coupables de ne pas suivre ce conseil. Car l'édition napolitaine des œuvres d'Auteserre passe à tout instant dans les ventes en Italie et se paie d'ordinaire un prix inférieur à celui que nous mettrions, en France, aux deux seuls volumes des *Rerum Aquitanicarum*. Dernièrement un bouquiniste de Lyon, qui n'a pas l'habitude de gâter ses clients en livrant sa denrée à un rabais exagéré, offrait un exemplaire de cet ouvrage, incomplet d'un volume à la vérité, au prix de 10 ou 12 francs, si j'ai bonne mémoire. Je n'ai pas payé beaucoup plus celui que je possède et que j'acquis à Rome en 1861, à une vente après décès.

Vous m'avez pressé d'en extraire tous les renseignements qui pourraient compléter vos recherches sur Auteserre et d'en faire un troisième appendice à ses lettres inédites. Vous l'avez voulu, mon cher ami, je m'exécute. Le résultat sera presque insignifiant, mais j'en aurai seul la responsabilité, et il me sera toujours agréable de me produire avec vous, quoique en trop mince équipage.

Voici le titre complet du premier volume : Antonii Dadini Alteserræ, *antecessoris olim tolosani*, opera omnia. *Tomus I. De ecclesiasticæ jurisdictionis vindiciis adversus Caroli Feuretii (sic) et aliorum tractatus de abusu susceptis. Cura et sumtibus* Michaelis Marotta, *jurisconsulti et in supremis neapolitanis tribunalibus causarum patroni.* [Un fleuron insignifiant.] *Editio prima neapolitana.* mdcclxxvii. *Cum privilegio regis.*

Cette entreprise d'un simple particulier, à pareille date, étonne tout d'abord. Il me semble qu'un libraire français du même temps n'aurait pas consenti à une publication latine si volumineuse, et que le public de notre pays n'aurait presque pas acheté les œuvres complètes d'Auteserre. La magistrature elle-même l'aurait jugé démodé, scolastique à l'excès, sans compter son ultramontanisme ! A Naples, c'était un peu différent. Les habitudes du barreau étaient restées plus près des traditions savantes d'Alciat et de Cujas; et, d'autre part, la nationalité d'Auteserre le recommandait à une génération éprise, en tout genre de littérature, des idées françaises. A cette époque, selon un historien littéraire de nos jours, « la littérature du royaume [de Naples], comme celle du reste de l'Italie,... était presque toute française dans la philosophie, dans ses jugements historiques, comme dans les formes du langage (1). » Mal lui en prit, à plus d'un égard. Le nom de Galiani, vrai lien littéraire entre Naples et la France, ne rappelle pas précisément un idéal de dignité morale, et le jansénisme français eut à Naples une bien funeste influence.

Pourtant cette *gallomanie* avait en même temps d'excellents effets. On voulait reproduire, pour les faire arriver à tous les lecteurs studieux, les chefs-d'œuvre de la grande érudition française. Voici le premier alinéa de l'épître préliminaire adressée par l'avocat Marotta *Erudito lectori :*

« En publiant une édition des œuvres d'Antoine Dadine d'Auteserre, je n'ai pas besoin, lecteur très-humain, de me répandre sur l'éloge de ce grand homme : ses œuvres mêmes, dignes d'être gardées dans le cèdre, montrent assez son érudition universelle et son jugement sûr. Je ne vise dans cette épître qu'à instruire les savants de l'origine et du progrès de cette publication, afin qu'on me pardonne l'aspect peu élégant et les caractères trop menus qu'elle présente et le peu d'ordre qui y paraît dans la distribution des ouvrages. Malgré tout, je ne doute pas que mon édition ne soit préférable à toutes les autres pour les érudits, parce qu'elle embrasse *la plupart* des ouvrages d'un grand auteur, jusqu'ici dispersés, et parce qu'elle les reproduit purgés de fautes presque innombrables. »

Le reste de cette pièce n'offre guère d'intérêt que pour l'histoire littéraire de Naples. Je résume. Marotta voulait publier pour ses

(1) Pierre C. Ulloa, *Pensées et souvenirs sur la littérature contemporaine du royaume de Naples* (2 vol. in-8°). Genève, Joel Cherbuliez (mais l'ouvrage est, je crois, imprimé à Naples), 1859; t. I, p. 27.

compatriotes le *De re diplomatica* de Mabillon, et il s'est fait imprimeur! Mais il lui fallait acheter hors du royaume des caractères d'imprimerie et du papier dignes d'un tel chef-d'œuvre; d'où embarras, retards, tromperies, procès. En attendant, il va publier les œuvres d'Auteserre, qu'on lui a demandées et pour lesquelles on se contentera de papier ordinaire et de types fort menus. L'éditeur a eu d'ailleurs bien de la peine à se procurer les divers ouvrages du grand jurisconsulte. Il en a eu encore plus à les corriger; car il a constaté, quoique un peu tard, que les livres d'Auteserre, même imprimés sous ses yeux, étaient remplis de fautes, surtout dans les références et dans le texte même de ses citations grecques et latines. Dès lors, il s'est condamné à revoir lui-même les épreuves et à vérifier, autant qu'il l'a pu, les passages empruntés. Aussi de cette longue pièce liminaire (xxxii pages) plus des deux tiers sont occupés par le spécimen, sur deux colonnes, des principales fautes corrigées par Michel Marotta dans ce seul premier volume.

Du reste, l'avocat napolitain ne fait pas le moindre éloge particulier du traité contre Fevret, par lequel s'ouvre sa collection, qui se continuera ainsi, un peu au hasard, selon que les divers traités d'Auteserre arriveront entre les mains de son éditeur. Peut-être aurait-il craint, en un temps où le gallicanisme florissait dans toutes les cours bourboniennes, de trop vanter le plus beau et le plus savant traité que l'orthodoxie canonique eût opposé, en France, aux erreurs parlementaires du *Traité de l'abus.* Vous avez noté vous-même quelques-uns des embarras qu'eurent à subir l'auteur et l'ouvrage; cette opposition *officielle* aux saines doctrines paraît même dans ce petit article du *Journal de Trévoux,* que le savant P. Sommervogel vous a signalé :

« L'érudition n'y est point épargnée (dans les *Vindiciæ adversus Fevr.*): on y trouve citez une infinité de canons et de passages des saints Pères et de l'histoire ecclésiastique qui ont rapport au sujet. Il y a de l'arrangement et de la méthode, et l'on peut dire que si l'auteur étoit moins partial et qu'il se fût autant appliqué à connoître les usages de son temps et la pratique du barreau, qu'il avoit étudié les anciens livres et les canons, il auroit fait un ouvrage solide et parfait dans lequel il y auroit peu de choses à désirer (1). »

Ces réserves timides allaient à un recueil dont le gallicanisme ne

(1) *Mémoires de Trévoux,* février 1703, p. 270-285.

pouvait dépasser certaines limites. Les *Nouvelles de la république des lettres* (décembre 1702, p. 592) disaient plus nettement : « [Cet ouvrage] contient beaucoup de choses contraires au droit françois et qui semblent donner trop d'étendue à la jurisdiction ecclésiastique. » Le *Journal des savants* (26 mars 1703), dont Marotta reproduit le long article (p. xlij-xlvij), accentuait encore mieux l'opposition à la doctrine traditionnelle si bien établie par le grand et religieux canoniste. Il concluait même en préférant Fevret à Auteserre : « Cet ouvrage, disait-il des *Vindiciæ*, très-estimable par la profonde érudition de son auteur, n'est pas également recommandable par ses sentiments et par ses maximes; de manière qu'il est plus sûr de s'attacher aux faits qu'il rapporte qu'aux règles qu'il a voulu établir. [Mais si ces règles sont l'expression même desfaits canoniques !] Cela n'empêche pas que ce livre soit toujours d'une grande utilité pour la connoissance de l'histoire et de la discipline de l'Eglise. Mais quelque effort que M. de Hauteserre ait fait pour renverser le *Traité de l'abus*, il faut convenir que son adversaire ne lui est pas inférieur en doctrine et qu'il a une supériorité de génie et une expérience dans cette matière qui méritent une distinction particulière. »

Il faut convenir plutôt que voilà une preuve évidente des progrès qu'avait faits le gallicanisme parlementaire, en dépit des efforts du clergé qui voulait s'en tenir au gallicanisme doctrinal. Le triomphe des prétentions laïques était déjà si avancé lors de la publication du savant traité d'Auteserre, que la préface de l'édition de Paris dut s'allonger d'une série considérable de *Notes* correctives, toutes destinées à céder aux parlementaires une bonne partie du terrain que le grand canoniste catholique leur avait refusé.

Vous avez très-bien caractérisé vous-même (ci-dessus, p. 32, n. 2) ces notes dues à l'avocat parisien Ant. Vaillant. A mon tour je n'ai pu résister à l'envie de signaler ces faits, très-instructifs pour celui qui écrira l'histoire du gallicanisme, mais qui sont, j'en conviens, trop en dehors d'une simple étude bibliographique. J'ai hâte de rentrer dans mon rôle, en parcourant les tomes suivants de l'édition napolitaine.

Le tome ii, qui est assez mince (12 ff. lim.-281 p., sans table alphabétique), est rempli par le traité sur les origines et antiquités de la vie monastique, *Asceticon*, dédié par le savant et pieux auteur au président de Lamoignon. Marotta dit dans sa préface : « L'opinion communément reçue touchant la correction des livres imprimés au-delà des Alpes était bien ébranlée dans mon esprit, depuis que j'avais relevé tant et de si grosses fautes dans l'édition parisienne des *Vindiciæ*; je n'y avais pas encore cependant renoncé tout à fait. C'était un livre posthume, maltraité peut-être par plusieurs copistes successifs, et que le libraire, par avarice ou pour tout autre motif, n'aura pas confié à des correcteurs capables, et qui sussent au moins lire le grec et le latin. Mais quand j'ai vu que le livre des *Origines de la vie monastique* était lui-même criblé de fautes, je suis resté convaincu que l'on trouve partout les mêmes vices. Car enfin l'ouvrage a été imprimé à Paris du vivant de l'auteur, et c'est sa copie même qui a dû être confiée aux typographes..... » Suivent de longs détails sur les divers genres de fautes semées dans l'édition princeps de l'*Asceticon* et une liste encore plus longue de ces fautes et de leurs corrections. Il en est à peu près de même en tête de chaque volume, et il sera inutile d'y revenir. Je me contente de remarquer, une fois pour toutes, qu'il y a quelque exagération dans les plaintes de Marotta contre les anciennes éditions et dans ses assurances touchant l'exactitude de la sienne. Il n'en est pas moins vrai que ses corrections, surtout en ce qui regarde les citations d'anciens auteurs sacrés ou profanes, sont nombreuses et souvent fort utiles; ce n'est pas une petite recommandation pour sa collection, d'ailleurs unique, des œuvres d'Auteserre.

Dans le tome III, qui n'est guère plus gros que le précédent (XVI-290 p.), sont réunis deux ouvrages que l'auteur avait publiés à dix ans de distance l'un de l'autre, mais qui ont pourtant une certaine parenté par le sujet: les *Notes sur les Vies des Papes d'Anastase*, et les *Notes sur les douze livres d'épîtres de saint Grégoire pape*. Le premier de ces commentaires est dédié à Michel le Tellier (1er mars 1679), le second au pape Clément IX (7 mars 1669). Ces dédicaces révèlent, malgré l'accent laudatif qui était de rigueur en pareil cas, un esprit religieux qui commande le respect. En s'adressant au Souverain Pontife surtout, Auteserre célèbre avec un véritable enthousiasme les liens d'amour et de reconnaissance qui, dès les premiers siècles de notre histoire, ont uni la France au Saint-Siége.

Le tome IV comprend en deux parties (appelées ici *volumes*) tout ce qui a paru des *Rerum Aquitanicarum*. Vous avez trop bien parlé de cet excellent livre, mon cher ami, pour que j'aie rien de plus à dire en son honneur. Mais avez-vous remarqué combien la seconde partie est difficile à trouver? Je connais un certain nombre d'exemplaires de la première chez divers amateurs d'histoire méridionale; mais l'autre manque à presque tous, et on la demanderait vainement à plusieurs bibliothèques publiques, par exemple à nos trois bibliothèques de la ville, du séminaire et de l'archevêché d'Auch. Raison de plus pour recommander aux conservateurs de nos dépôts de livres la collection napolitaine des œuvres d'Auteserre, qui se vend à peu près au poids du papier. L'histoire d'Aquitaine y est d'ailleurs plus correcte que dans l'édition de Toulouse; Marotta confesse qu'il a trouvé ici moins de fautes que dans les ouvrages précédents; mais son *specimen errorum* est encore assez fourni, et il offre quelques corrections vraiment importantes.

Dans le tome v sont réunis quatre ouvrages différents : 1º *De Ducibus et comitibus Galliæ libri tres;* 2º *De Origine feudorum;* 3º le *Commentaire sur les Clémentines;* 4º Six leçons d'ouverture sur diverses lois romaines. Ce dernier ouvrage était déjà uni au précédent dans l'édition parisienne de 1680, comme les deux premiers avaient paru ensemble à Toulouse, en 1648. Ils étaient dédiés au président Bertier, baron de Montrabe et de Launaguet (13 septembre 1643); et le volume sur les Clémentines, à Claude Le Pelletier (25 mars 1680).

Vous avez signalé le traité des *Ducs et comtes provinciaux de la Gaule* comme un des travaux les plus estimés du savant historien, et vous n'avez pas manqué de faire connaître l'édition qu'en a donnée en 1731 le jurisconsulte allemand Georges Estor. Je n'ai qu'à lever, au sujet de cette édition, l'incertitude que dénote chez vous cette parenthèse sur le lieu où elle a paru : « Francfort, selon les uns; Giessen, selon les autres. » Les uns et les autres ont raison. On lit à la première page du volume : *Francofurti et Giessæ, apud Io. Phil. Krieger.* J'ai sous les yeux un exemplaire que j'achetai à Paris il y a une quinzaine d'années. C'est un in-8º de 20 feuillets liminaires non chiffrés et 436 pages, plus un index de 33 ff. L'impression est passable, mais le papier spongieux et sali de taches jaunâtres, comme dans la plupart des vieux livres allemands. L'ouvrage est dédié au conseiller impérial Georges-Melchior de Ludolf, qu'Estor déclare son Mécène : l'épître est datée de Giessen, le 30 mars 1731. La plus grande partie de la préface est consacrée à des observations de détail, sur le rapport du texte d'Auteserre avec le droit public de l'Allemagne. L'éditeur s'est proposé surtout cet objet, exprimé sur le titre même du livre :... *ob maximum in jure publico germanico usum... recudi fecit J.-G. Estor, etc.* Il l'a d'ailleurs atteint complètement dans sa longue introduction, et le reste du volume n'offre pas un mot de lui.

Vous ne serez peut-être pas fâché de trouver ici quelque chose des louanges qu'Estor accorde à son auteur : « Dès que j'eus lu dans le *Commentaire* de Schilter *sur le droit féodal allemand* les *Origines des fiefs* d'Auteserre, je désirai vivement voir les autres écrits de ce savant homme. Hertius et d'autres auteurs, qui citent souvent Auteserre, accrurent encore mon envie. J'ai donc recherché avec ardeur et j'ai été bien heureux de trouver son livre sur les ducs et les comtes de la Gaule. Je n'ai pu le lire sans un profond étonnement et sans admirer les vues avancées qui s'y rencontrent, surtout en ce qui concerne notre pays... » Il cite plus bas l'éloge qu'a fait d'Auteserre, en sa *Vie de Justinien*, Jean-Pierre de Ludewig, éloge que vous n'avez pas oublié vous-même de rappeler, et dont voici les premiers mots : « Ce jurisconsulte toulousain est du plus grand prix. Car, outre son mérite d'humaniste, il a étudié et soigneusement développé l'histoire et les antiquités du moyen âge et surtout les détails du droit barbare, soit sacré, soit civil, soit féodal.... »

Rien ne prouve que Marotta ait connu l'édition du *De ducibus* donnée par Estor, à laquelle il n'aurait d'ailleurs eu rien à emprunter. Mais au bas de certaines pages du traité *De origine feudorum*, il a cité en note quelques bonnes remarques du jurisconsulte allemand Jean-Henri Boecler. Je suppose, sans avoir pu m'en assurer, que ce dernier aura donné une édition critique de ce savant travail; elle se trouve peut-être dans le recueil de ses dissertations, discours et opuscules, publié en 1712 par Jean-Albert Fabricius. (Strasbourg, 4 vol. in-4°.)

Le tome vi et le tome vii de l'édition de Naples sont brochés ensemble et renferment, l'un le beau traité *de Fictionibus juris*, dédié à Lamoignon (1er août 1652), l'autre le commentaire sur les Instituts de Justinien, dédié à Colbert (24 sept. 1664). Marotta a donné le premier d'après les éditions parisiennes de 1659 et 1679; de plus, il a pu se procurer, mais seulement lorsque sa propre édition était déjà fort avancée, celle d'Eisenhart, dont vous avez très-bien parlé dans une note (ci-dessus, p. 18, n. 4). Voici ce qu'en dit Marotta : « Je savais que les Allemands sont d'intrépides travailleurs, et qu'ils viennent à bout par le travail et la patience des tâches les plus difficiles... Mais en parcourant le livre, mon courage presque abattu s'est relevé peu à peu. Car je me suis convaincu qu'Eisenhart n'avait mis aucun soin à l'édition du *de Fictionibus juris*, et qu'après avoir rédigé la préface avec beaucoup d'érudition et non sans élégance, il avait simplement permis à l'éditeur de mettre son nom sur l'ouvrage pour en augmenter le prix... » La preuve en est que des erreurs frappantes

dans les citations du droit romain sont pass    ~ de l'édition parisienne
dans l'édition allemande. Marotta, qui avait eu soin de les corriger,
n'a pas hésité d'ailleurs à insérer la préface du jurisconsulte d'Helms-
taedt, « ce qu'exigeait, dit-il, l'honneur dû, soit à l'auteur lui-même,
soit à la nation allemande tout entière. »

Le commentaire sur les Instituts est republié dans la collection napolitaine d'après l'édition de Toulouse (1664). Marotta déclare que
« l'immense quantité de fautes de tout genre » qui défigurent cette
édition, faite sous les yeux de l'auteur, démontre de plus en plus
l'excessive confiance d'Auteserre en sa vaste et tenace mémoire, et
sa négligence extrême pour le choix des correcteurs qui devaient surveiller l'impression de ses livres. Le fait est que le *Specimen errorum*, pour ce traité de 314 pages, occupe 15 pages à deux colonnes!

Le tome viii de la collection napolitaine est consacré aux *Recitationes quotidianæ* sur Claude Tryphoninus et sur diverses parties
du Digeste et du Code, dédiées à Louis XIV (4 oct. 1678 et 30 juillet
1682). Les leçons sur Tryphoninus forment un gros volume (lxj-420
pages), et celles qui éclaircissent divers titres des Pandectes en remplissent un second qui n'est guère moins lourd (418 p.).

Le tome ix, volume unique et assez mince (xxiv-174 p.), renferme
toutes les *Dissertations de droit canonique*, en 6 livres, dont deux
sur les coadjuteurs des évêques (dédiés à l'archevêque de Toulouse
Charles de Montchal, 6 oct. 1650), deux sur les revenus ecclésiastiques, et les deux derniers, dédiés à Jésus-Christ, sur les curés.

Le Commentaire sur les Décrétales d'Innocent III constitue le
tome x (xx-940 p.), divisé en quatre parties et broché en deux forts
volumes. Marotta déclare que l'édition originale de ce grand ouvrage
(Paris, 1666, in-fol.) est relativement assez correcte, quoique la vé-
rification des textes cités lui ait coûté pour ce livre autant de travail
que pour tout autre. Quant au mérite intrinsèque de l'œuvre, il en
parle en ces termes : « Ce commentaire tient le premier rang parmi
les travaux du grand jurisconsulte; et les savants conviennent qu'entre tous les commentateurs des décrétales pas un ne mérite d'être
comparé à Auteserre, bien loin de pouvoir lui être préféré. En effet,
c'est avec le secours des documents contemporains qu'il démêle la
pensée vraie du Souverain Pontife, et ses commentaires constituent
un tableau complet de la discipline ecclésiastique (et même en grande
partie du droit civil) du treizième siècle, reconstituée par une érudition hors ligne. »

Ce bel ouvrage est dédié au chancelier Séguier, par une épître que vous avez publiée ci-dessus, sous le nombre IV. Il est vrai qu'à la rigueur vous n'aviez pas le droit d'insérer ce morceau parmi des *Lettres inédites*; mais vous avez cru tout naturellement qu'il n'était pas plus édité que les autres lettres du même auteur puisées à la même source. Il est vrai aussi qu'ayant sous les yeux l'édition de Marotta, je pouvais vous préserver de cette petite faute en vous prévenant à temps; mais je ne m'en suis aperçu qu'au dernier moment, et puis il m'a semblé que les lecteurs de votre plaquette seraient heureux d'avoir ce spécimen du style latin d'Auteserre, qui, sans être tout à fait classique, est plus voisin de la pureté de Cujas que de la barbarie de Barthole, et qui me semble surtout remarquable par une majesté toute romaine. Il y a d'ailleurs des variantes à noter entre le manuscrit que vous avez suivi et la leçon imprimée. J'en signale deux seulement. L'imprimé ne contient pas votre seconde ligne : *quem proxime in scholis majori ex parte prælegi*. A la 4ᵉ ligne, où votre texte donne *spectavit*, le texte des éditions donne *tulit*, qui ne me paraît pas préférable.

Les deux volumes sur Innocent III portent la date de 1780, tandis que tous les précédents sont datés de 1777. Le onzième et dernier tome de la collection napolitaine, si mes souvenirs sont exacts (car il me manque, et je n'ai qu'une sèche indication prise à Naples en 1860), ne renferme que les *Notæ et observationes ad Gregorium Turonensem*, 1780. — Ainsi donc, sauf erreur, la collection de Michel Marotta, d'ailleurs fort remarquable par le soin avec lequel elle a été dirigée, n'est pas tout à fait complète, et l'éditeur avait eu raison de ne pas trop s'engager à cet égard : si son titre porte *opera omnia*, sa première préface n'annonce que *pleraque opera*, et insiste sur cette excuse que plusieurs productions d'Auteserre sont introuvables dans le royaume de Naples. Il n'est donc pas étonnant que des travaux relativement secondaires, comme les dissertations contre Launoy (1671) et contre Jacq. Godefroy (1672), aient échappé à l'éditeur napolitain, si tant est, ce que je n'ose assurer, qu'ils ne se trouvent pas dans son dernier volume.

La postérité, surtout la postérité aquitaine, attacherait plus d'importance à une œuvre d'Auteserre plusieurs fois annoncée de son vivant, mais qui n'a jamais paru. Vous avez constaté vous-même, mon cher ami, que le savant historien, en tête du premier volume des *Rerum Aquitanicarum* en 1648, et de nouveau en tête du second en 1657, avait promis une troisième partie de ce bel ouvrage, qui aurait conduit les annales d'Aquitaine jusqu'au seizième siècle. Il renouvela cette promesse le 4 octobre 1678, dans la dédicace de ses *Observations sur Grégoire de Tours*. L'ouvrage manque, je viens de le dire, à mon exemplaire des œuvres d'Auteserre; mais j'ai sous les yeux l'édition princeps : *Tolosæ, typis Joannis Pekii* (sic, Pech!), 1679, in-4º de 3 ff. lim. et 414 p. Or, voici les premiers mots de l'épître dédicatoire à Colbert, fidèlement traduits : « Homme très-illustre, vous m'avez mandé de publier ce que je pouvais avoir dans mes cartons d'utile à l'histoire de France, dont les intérêts vous ont été confiés par le Roi très-chrétien. J'ai obéi volontiers et avec joie, et me suis hâté de vous apprendre par lettre (1) que j'avais en main, *outre le troisième volume des annales d'Aquitaine*, trois livres d'observations, l'un sur saint Grégoire de Tours et Frédegaire, le second sur les vies des Papes d'Anastase, le troisième sur les épîtres encore inédites de Clément IV, fort utiles pour redresser et éclaircir l'histoire de France... » Suivent de belles paroles sur la sollicitude de Louis XIV pour les études historiques et sur le prix du texte de Grégoire de Tours pour nos annales. Mais ne remarquez-vous pas qu'à cette date Auteserre avait en main (*in manu habere*) le troisième volume des *Rerum Aquitanicarum*? Peut-être, hélas! cela veut-il dire simplement qu'il s'en occupait; et puis, pour un travailleur comme Auteserre, des provisions recueillies dans la mémoire, plus quelques fiches dans les vieux livres de sa bibliothèque et quelques notes à peine alignées, devaient constituer presque un livre tout fait. Je ne veux donc pas crier sur les toits qu'il y a un troisième volume d'Auteserre à chercher, avec le second de Marca! Mais il pourrait bien y avoir lieu à une enquête, si l'on avait gardé quelque part des papiers de notre grand historien. En tout cas, je ne puis mieux placer ce semblant d'indication qu'entre les mains d'un chercheur comme vous.

De ceci et de tout ce qui précède, jugez en toute liberté, mon cher ami; je vous condamnerai seulement si vous n'y voyez pas l'intention de vous obliger, qui seule a guidé la plume de

Votre tout dévoué,

LÉONCE COUTURE,
Rédacteur en chef de la *Revue de Gascogne*.

Auch, 26 octobre 1876.

(1) L'envoi de cette *liste d'ouvrages prêts à mettre au jour* a été déjà rappelé dans la xIᵉ des *Lettres inédites* (ci-dessus, p. 34), adressée aussi à Colbert.